一路阳光

麻省理工金融小子成长记录

陈采霞／著

中国青年出版社

WALKING
ON
SUNSHINE

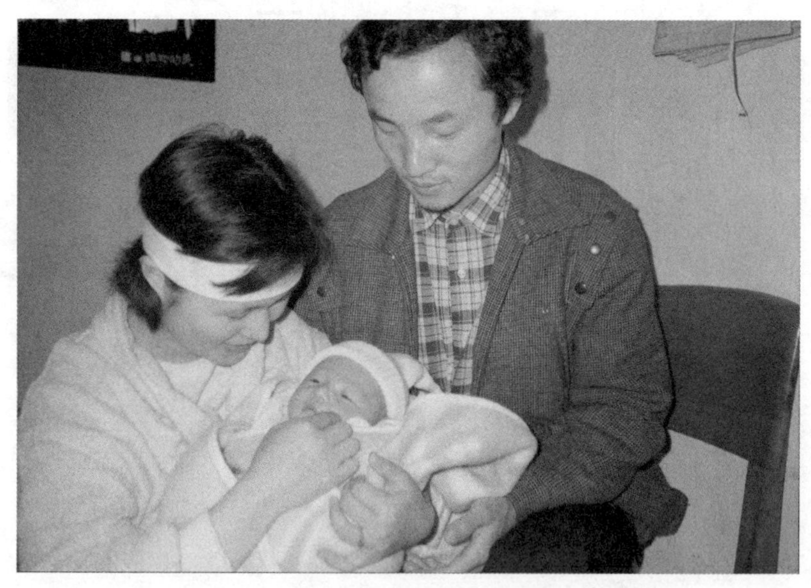

我并不是一个天生就喜欢孩子的人。
我觉得孩子可爱
是在我做了母亲之后，
这说明我的母性并不是与生俱来。

北大附小低年级实行免考政策，
只要符合要求就可以免考。
儿子平时成绩相当好，
并且一直保持着良好的状态，
连续几年都是免考生。

我碰到一个想考研究生的钢琴老师。
她的英语基础不太好，
希望我能帮她，
而我儿子正要找个钢琴老师，
这样我就把这位钢琴老师请到家里和儿子见了面。
没想到这一见面真的带来了改变。

聘书

胡宸 同学：

经校长办公会研究决定，特聘你为清华附中首届学生"校长助理"，聘期一年，望你珍惜荣誉，努力工作。

清华附中

2003年3月21日

大概是在进入清华附中二个月之后，
儿子告诉我他当上了校长助理。
原来清华附中从那年开始实行校长助理制度，
每年从各个年级选出两名助理，
其任务是在校长和学生之间架起一座桥梁。

WALKING ON SUNSHINE

儿子在美国虽然入乡随俗，
和美国人打成一片，
虚心汲取美国人的精华，
但同时也不忘保持中国人的优点，
树立良好的中国人形象。

WALKING
ON
SUNSHINE

我们去了夏威夷波利尼西亚文化村。
在那里，各种热带民族风格的表演极其震撼，
把我们看得眼花缭乱，
美丽的景色和热闹的场面
让我们大开眼界、流连忘返。

每次回想起MIT的毕业典礼，
我发现我的最深印象不是它的隆重与高端，
而是它的温馨与浪漫。
在这种环境里接受过熏陶的人应该是幸福而进取的。

WALKING ON SUNSHINE

儿子有幸成为MIT的学生，
同时他也在不断调高他的人生目标。
他在MIT收获的不仅仅是知识、学历、学位，
他还收获了很多很多……

序一：让自己快乐，助儿子成长

陈采霞

一个偶然的机会，中国青年出版社青春读物编辑中心主任彭明榜先生读到了一个我写的关于孩子成长的小故事，因为小有感动，便问我一共写了多少个这样的故事，愿不愿意出版成一本书。我当时写的故事还不多，我想既然已经开始写了，既然得到了彭先生的认可，不如索性把这件事做得更加有意义，和广大读者就孩子的教育问题做些交流，说不定能抛砖引玉、取长补短，于是答应了彭先生的约稿。

之所以要写这些故事，最开始是因为它是一种寄托感情的方式。儿子在十八岁那年远赴美国求学，一直陪伴他长大的我一下难以适应儿子不在身边的生活，思念和担心让我备受煎熬，常常魂不守舍泪流满面，万般痛苦中我发现儿子小时候留给我的记忆是一个巨大的宝藏，每每想起那些快乐时光我就会找到一点慰藉，心情很快会舒畅起来。为了不让这些美好记忆随着时光流逝逐渐变得模糊，我产生了记录一些精彩片段的强烈冲动。

慢慢地，我发现我写故事对儿子的影响也很大。有这些故事作桥梁，儿子觉得妈妈的爱没有因为千山万水的阻隔而变得遥远和陌生，他与妈妈的感情没有因为时间的变化而开始疏远和淡化，相反我们的心越来越靠近，我们的配合也越来越默契，直到有一天儿子对我说："妈妈你这招太厉害了，你把我小时候写得那么乖，我现在都不好意思调皮了，你再把这些故事出版了，全世界都知道我了，我好意思不好好表现吗？"

儿子的悟性很高，不仅读懂了妈妈的思念之情，还读懂了妈妈的良苦用心，这更坚定了我写故事的信心。让自己快乐，助儿子成长，何乐而不为呢？果然，我重新找到了爱儿子的方式，儿子也一天比一天成熟懂事。我们似乎在进行一场比赛：我要把故事写得越来越精彩，儿子要证明自己越来越优秀。

这本书第一次出版是在2011年儿子读大三的时候，书名叫《生得好更要教的好——好妈妈家教笔记》，曾在读者中引起很大反响。很多家长对我说，如果早读到这本书肯定能把孩子教得更好，并说要把我的一些好的经验用在培养孙子上，甚至还有读者告诉我每次遇到孩子有问题，就会从我的书中寻找解决办法。为了感谢读者的厚爱，也为了使这本书更加完整，随后几年我不仅坚持写后面的故事，还对已有故事做了一些完善。儿子大学毕业接着又读了研究生，所以我的故事一直写到儿子研究生毕业，此次出版应该说更具系统性和完整性 。

如何培养出优秀的孩子无疑是每个父母和家庭十分关心的问题，但现实生活中我们很可能因为方方面面原因遇到种种问题，比如错过教育孩子的最佳时机、错误使用教育方法、遇到困难不得不放弃、甚至有可能陷入困境极其绝望。我在养育儿子的过程中同样也是酸甜苦辣都有体验，但一路走来，我还是觉得一路阳光、快乐和幸福更多。读大学时，我曾广泛阅读各种图书，其中两本书对我培养孩子有着很大的影响，一本是《居里夫人》，另一本是《傅雷家书》。虽然我很崇拜诺贝尔奖获得者居里夫人和大翻译家傅雷，但从这两本书里了解到的作为母亲的居里夫人和作为父亲的傅雷更令我敬佩。居里夫人的实验室工作既艰苦又耗时，但她没有因此而忽略她的孩子，相反她是一个非常细心而且有责任心的母亲，对两个女儿的培养和教育倾注了大量的心血，大女儿在她的关心和帮助下也成了诺贝尔奖获得者。两次获得诺贝尔奖的居里夫人尚且如此重视孩子的教育，平凡如我这样的母亲怎么能在孩子面前不思进取、玩忽职守呢？每个人都有自己的父亲，每个父亲都爱自己的孩子，可是像傅雷先生那样严格、那样细致、那样富有原则性、倾注那么多心血教育孩子的父亲在世界上并不多见。虽然我无法像傅雷先生那样博学和睿智，培养出傅聪那样世界闻名的钢琴家，但我至少可以在用心和付出上尽我的全力，所以自从有了儿子我就丝毫不敢怠慢和逃避，孩子的事对我来说是高于一切的，哪怕是牺牲自己的事业和青春我也无怨无悔。如果说我在孩子教育上小有成就，那么我的成就是因为我借鉴了成功者的经验，所以我也希望把我的一点经验传播给大家。

看完我和儿子的故事，大家可能会有一个疑问：爸爸去哪儿了？在这里我要特别告诉大家，我先生是个事业心极强的人，为了事业——同时也是为了给我和儿子提供更好的生活保障——他也是呕心沥血百折不挠，虽然直接给儿子的关心和帮助不是太多，但他对孩子的关注和关爱和我是一样的，只是表达方式略有不同。作为男孩子的父亲，他最成功的地方是他在事业上的孜孜以求、坚忍不拔并且硕果累累为儿子树立了好的榜样，对孩子的健康成长也是功不可没。我很感谢我的先生给我机会充分扮演妈妈的角色，很感谢儿子给我带来那么多快乐体验，同时还要感谢彭明榜先生为我们家的团结合作助了一臂之力。

愿所有孩子健康成长，愿天下父母收获幸福！

2014年7月12日于北京

序二：一路阳光，奔向远方

胡 宸

实习的时候，我总听我的同事们说羡慕我还是个学生可以读书，可我却总说我巴不得赶快毕业，开始自己独立生活。转眼间，我毕业了，可我却突然变得不那么期待开始工作了。

就在送走刚参加完毕业典礼的爸妈之后，我一个人莫名其妙地烦闷了几天，不知道自己在想些什么，好像二十四年努力奋斗的目标突然一下子消失不见了。为了平静自己的心情，也为了好好享受正式开始工作前最后一个真正属于自己的假期，我和几个朋友来到了位于田纳西州的大雾山。

经过白天的徒步爬山游览风景，晚上我们已是精疲力竭。我打开电脑，准备处理一些邮件。除了经常收到的新闻以外，还收到了妈妈最新写的关于来麻省理工参加我的毕业典礼的故事。虽然这已经是第七十几个故事，我的心情依然像当初收到妈妈写的第一个故事一样欣喜和激动。即便我是故事的主角，我还是很好奇在妈妈的故事里我是什么样子，那种感觉就像照镜子一样，照得好看时心里会美滋滋的，照得不怎么好看时心里会多出一些反省。不知从何时起，读妈妈写的故事已成为我生活的一部分，已成为我和母亲交流的一种方式。

读完妈妈写的最后几个故事，欣喜和激动掩盖不住心里的失落和空荡，因为我知道，工作之后，我就真的开始独立生活了，与父母的距离会越来越远，能读到的故事也会越来越少。

突然间，我明白了我烦躁失落空荡的原因。原来，我舍不得父母千次万次的叮嘱，舍不得天塌下来都有人帮我顶着的安全感，舍不得看到我成功会有人比我还开心的感觉。这不就是人们所说的怀念过去吗？真正踏入社会的我们，会被生活中的种种责任忙得晕头转向，不可能再去享受那种学生时代在父母和老师的呵护下无忧无虑健康成长的幸福感。

也许这种想法是自私的，因为在我们一次次成长独立的过程中，往往会忽略父母一次次放手时的担心和牵挂。婴儿第一次学会走路时父母需要放手，小孩第一次学会骑车时父母需要放手，长大了第一次自己上学时父母需要放手，念大学了第一次长时间不与家里联系时父母需要放手，而当我们工作之后，父母的手还是难以放下……

在我看来，父母对于我们的爱，我们是无法回报的。我们唯一能做的，就是这样一代一代把爱传递下去。这二十四年来，母亲对我的关爱，点点滴滴，都记录在这些故事里。幸运的我能够时常读起这些故事，但更重要的是我能将这些故事继续下去。

一路阳光，路还很长。

2014年7月4日于美国田纳西州大雾山

序三：前面那九个馒头

胡 宸

话说有个人非常有胃口，能吃很多东西。有一次，他吃了九个馒头都没有饱，直到吃了第十个馒头才饱。他以为是最后一个馒头把他喂饱的，却不知道前面九个馒头的重要性。

——题记

“独在异乡为异客，每逢佳节倍思亲。”

上小学的时候就背过这首诗，但从来也没有真正理解过王维写这首诗时的感情，一直到上大学以后。

人生的头十八年，我从来没有离开过父母，最多也就是小学那次书法交流活动去了韩国几天、高中学术交流时去了美国半个月，但也都是和同学一起，有老师陪伴。2008年8月10日，我搭上飞往芝加哥的飞机开始了我的留美生活。跟父母道别的时候，我看到母亲的泪水在眼里打转，心里暗下决心一定不能让父母失望。初到美国上大学，父母的关心和爱护离我远了许多，但因为觉得自己年轻气盛，要到外面闯一闯，也就没有觉得多么想家。但我清楚地记得来美国后过的第一个春节。那天我和几个中国同学聚在一起，家里给我打来电话，一听到母亲的声音，还没来得及说任何话，我立马就忘了“男儿有泪不轻弹”，开始像个小孩一样哭了起来。虽然母亲在电话另一头不停地安慰我，但也忍不住落下泪来。

当时，我真的想家了，从来没有那么想过。

后来，因为学习紧张，也就没有太多时间想家。或者说，因为不想太想家，于是开始让自己学习紧张起来。母亲来美国看过我一次，和我在一起住了一个月。因为是在上学期间，我没有太多时间陪母亲，只是在周末的时候带母亲去城里玩了玩，母亲却每天给我准备了美味可口的饭菜，让我在一个月时间里明显脸色红润了许多。一个月很快就过去了，从机场送走母亲回到学校以后，发现空荡荡的宿舍里看不到母亲的身影了，心里有些失落。

当时，我觉得有母亲在身边，真好。

一晃时间已经过去三年多了，我经历了不少挫折，也吸取了不少教训。作为回报，我得到了老师们和朋友们的肯定，但他们也许不知道，我的成绩主要归功于我和我母亲共同度过的那十八年。

在那十八年时间里，我也和母亲争吵过，也叛逆过，但母亲从来都没有放弃过，从来都非常有耐心。现在回想起当时的争执，真的觉得自己很幼稚。但正是那十八年，让我成为了一个有目标的人。母亲教给我的最宝贵的东西就是如何树立并且实现自己的目标。

有些人说，我之所以能在大学里取得现有的成绩，是因为我的聪明和勤奋；而我想说的是，那只是第十个馒头，我人生中前九个馒头才是更加重要的。

2011年中秋节于美国芝加哥

目录

妈妈的宝贝

我不懂任何医学知识，
无法从医学上解释我分娩时的感觉，
但我相信这就是俗话所说的母子连心。

所有孩子来到这个世界都带有传奇色彩，我的儿子也不例外。

我和我先生1988年结婚，儿子在1989年7月闯入我们的生活，那时我刚从北京师范大学硕士毕业回到湖南湘潭大学，先生也只早我一年从上海师范大学拿到硕士学位。我们本打算休养一段时间之后再确定下一阶段的奋斗目标，哪想到儿子迫不及待来报到了。

二十五岁怀孕并不算太年轻，但刚刚完成学业，我们无论从精神上还是物质上都还没有作好迎接一个新生命的准备，因此得知怀孕的消息着实让我们有些忐忑：要吧，我们拿什么养活和培养他/她？不要吧，我们已经到了生育年龄，孩子迟早是会要的，与其来回折腾，不如顺其自然。想来想去，我们最终决定，无论如何也要留下这个“不速之客”。

都说怀孕很辛苦，我却觉得怀孕的时候也很幸福。这可能是因为我那时年轻身体好，怀孕之后不仅没有出现任何不良反应，相反比平时更加能吃能睡能走能动。随着我的肚子日渐隆起，周围的人会对我投来羡慕的眼光，身边的亲朋好友会给予我特殊照顾，这让我觉得怀孕中的女人颇有一种成就感。碰巧的是，我出生的年代正赶上生育高峰，因此学校里同学同事中和我差不多时间怀孕的人也特别多，我们不仅可以互相陪伴、相互交流，还可以有福同享有难同当——谁家有好吃的就上谁家吃，谁有什么问题大家都来帮着解决。怀孕可能导致的抑郁、无聊乃至痛苦对我们来说统统不存在，我们有的只是快乐、潇洒甚至骄傲。最让我难忘的是，我们挺着大肚在校园里走来走去成了一道独特的风景，走到哪儿都能吸引眼球，我们居住的片区本来叫“南阳村”，由于我们这帮走路像企鹅的准妈妈的存在，人们干脆叫成了“企鹅村”！

陆续有人生产了，时不时会有谁剖腹产了谁自然产了的消息传来。最出名的一位“同孕”说是分娩时喊叫声大得让马路上的人都能听见，最后喊得实在没有力气生了，医生只好给她作了剖腹产。我们这些还没有到时间的人立马总结经验：生产时一定要保存好体力，绝不能因为忍不了一时之痛导致受二茬罪。那时剖腹产不像现在这么流行，只有生不出来医生才会对孕妇进行剖腹产。

我的预产期是5月7日，5月1日那天就已经有一点动静了，没有经验的老公急忙陪我坐车去湘潭市医院要求住院，医生查了查我的情况说：“还早着呢，先回家去吧！”我们知道医院床位紧张，没有关系人家不会让我们提前住院，只好乖乖地回去。到了2日上午，我感觉痛得越来越厉害了，我们于是又去医院，医生还是用那句“还早着呢”把我们打发了。为了避免来回折腾，我们只好在医院附近兜来兜去，中餐晚餐就在附近的餐馆点了些吃的。不知是胃口本来就好，还是在外面走累了，我把点的饭菜一扫而光，感觉那两顿饭菜吃起来格外香甜可口。到了晚上，医生终于让我住进了医院，但还是没有让我进产房。我婆婆说："不进产房也好，在外面家里人还可以陪着你，在产房，不到生的时候不会有人管你，你就耐心等着吧。"

过了不知多久，我的羊水已经破了，医生这才让我进了产房。产房里好几个孕妇正在待产，我跟她们简单打了个招呼就安静地躺下，没过多大一会儿我就觉得想上厕所，于是一步一步挪向洗手间，等我刚往下一蹲，就觉得有东西要掉下来，我本能地觉得是孩子要出来了！

我扶着墙艰难地走到值班医生办公室，告诉她我恐怕是要生了，医生说你刚才还只开了一指，不可能这么快，我就说那你看看吧，医生看了之后果然说："真的要生了！马上上产床！"把我安排到产床上，医生赶忙准备接生工具。我在产床上就觉得孩子在我肚子里正往外使劲，我于是配合着孩子的节奏一起用力，一下，两下、三下……等医生把工具准备好，孩子已经出来了。

迷迷糊糊中，我感觉医生在给孩子量体重、做记录。过了一会儿，医生问我："你希望是男孩还是女孩？""都可以，健康就行。"我本能地应了一句，脑子一片空白。"我告诉你啊，孩子是十二点一刻出生的，你什么都好，生得好，孩子也好，七斤二两，是个男孩！"医生的话听起来是那么悦耳，激动的泪水模糊了我的双眼……

说实话，我并不是一个天生就喜欢孩子的人，因为记忆中我不是那种让小孩子一见就愿意跟我亲近的人，我觉得孩子可爱也是在我做了母亲之后，这说明我的母性并不是与生俱来的。奇怪的是，我对怀孕的辛苦和分娩的痛苦记忆非常模糊，相反怀孕时期的快乐体验和分娩过程的幸福感觉更令我印象深刻。难道是因为孕育本身能激发母性？难道是因为从一开始我就对肚子里的孩子准备好了无条件的接纳？我的那些“同孕”很多都通过B超了解孩子情况，我却一直拒绝做B超，因为我不想让孩子受到辐射，也不急于知道孩子的性别，我只求孩子能平安降生，我甚至想过，哪怕孩子有缺陷，我也不会考虑放弃他/她。现在，儿子的降生不仅非常顺利，还给我留下了“会心疼妈妈”的印象。我不懂任何医学知识，无法从医学上解释我分娩时的感觉，但我相信这就是俗话所说的母子连心，是儿子给我的见面礼，我感动得当时就默默地告诉自己：我要用一生去疼他爱他。

从出生的第一天起，儿子就实实在在成了“妈妈的宝贝”。

更大的挑战

养育儿子对我来说是更大的挑战，
因为这个挑战不仅时间更长，
而且对耐心、耐力、责任心乃至聪明才智都要求更高。

虽然儿子是顺产，虽然被激动与幸福的感觉包围着，接下来的挑战还是大大超出了我的想象。

记得从医院回来的第一天晚上，儿子就给我们来了个下马威。明明给他喂足了奶水，可他就是哭个不停，搁在床上哭，抱起来还是哭，没有一点育儿经验的我们完全不知所措，最后只好把包着他的衣服和绑带（医院打的包，看起来像个粽子）打开，看看是不是有什么问题，结果发现里面被他拉得一塌糊涂。我们赶紧把他放进澡盆给他洗澡，洗后换上干净衣服，他果然就安静了。原来还不会说话的他，是在用哭的方式告诉我们：该给洗澡了。没想到那么小的孩子还知道爱干净呢。

好在母乳充足，儿子的饥饿问题相对容易解决，但其他问题源源不断，防不胜防。比如，孩子有时会莫名其妙地吐奶，刚开始我有些惊慌失措，到后来我慢慢才学会了喂完奶把孩子抱起来给他拍拍背，直到他打出嗝来。有时候孩子因为消化不良，大便不仅稀而且呈绿色，我看着心里又难受又着急，恨不得一觉醒来孩子就长大了。但越着急日子过得越慢，最后我只得向医生和其他妈妈咨询，想办法慢慢给孩子调养，慢慢让孩子恢复正常。有时孩子哭闹得特别厉害，无奈之中，我甚至都想过我能不能躲起来？有没有人能解救我？我们那时请不起保姆，家里的老人也帮不了我们，老公工作又特别忙，我只好一人咬牙挺着。也许老天真的有眼，很快我就发现，孩子哭闹主要有两个原因：一种可能是生病，另一种可能是睡眠不足。掌握这个规律后，我就想方设法让孩子多睡觉，尽量让他不生病，孩子果然就安静了许多。

经过一段时间的观察和摸索，我发现带孩子最重要的是要提前想到各种可能，尽量把可能出现的问题扼杀在萌芽中，不然父母就会方寸大乱、处处被动。比方说，孩子容易出汗，我会时不时用手摸摸孩子的背，发现有汗就马上在孩子的背上隔一条吸水性强的小毛巾，并且还准备几条毛巾，随时给他换新的，如果孩子出了汗不及时采取措施，就很容易造成感冒咳嗽。孩子洗澡太多对皮肤不好，每天晚上我就用热毛巾给孩子擦背，这样既能保持卫生又能促进血液循环。孩子穿多了既麻烦又容易感冒，我就锻炼孩子少穿衣服，这样，孩子稍微受点热或寒都不用担心。我们带孩子乘车回老家时，让他睡在我们腿上，尽管有风从窗户吹进来，我们也不用给他盖任何东西，坐在旁边的人好心提醒我们孩子可能会着凉，我说没关系，孩子有抵抗力，我们已经试过好多次，都没出过问题。

湖南的冬天很冷，大人洗澡都会冻得受不了，儿子脱光衣服虽然冷得小拳头攥得紧紧的，小嘴还直哆嗦，但我就是强忍着不给他生火取暖，不让他形成依赖，经过几次锻炼，儿子很快就适应了。我见过很多这样的孩子：一吹风就咳嗽，一出汗就感冒，原因基本上都是父母带孩子的方法有问题，没有想办法提高孩子的抵抗力。后来我看到一篇文章说，日本父母会在孩子小的时候把孩子脱光了衣服放在雪地里，以增强孩子的抗寒能力，我这才明白，我的做法是很科学的。

看到我对孩子照顾得那么细心周到，孩子的爸爸也找到了发挥作用的地方：由于体力较好，哄孩子睡觉他有一绝招，他会抱着儿子又唱又跳，不一会儿儿子就乖乖地睡着了；出去玩的时候他会一直把孩子弯在手臂里，儿子觉得又舒服又安全，平时不怎么找爸爸的儿子一到外面就会想起爸爸来；南方经常下雨，一有太阳，爸爸就会抱着儿子上阳台晒屁股，说这样可以给孩子补钙。为什么要晒屁股而不是晒其他地方？难道是孩子的皮肤太娇嫩爸爸不舍得把孩子晒坏了？直到现在我也没问过孩子他爸，但我想一定有他的道理吧。

我们这些应对及预防措施果然有效，儿子小时候几乎不生病，连感冒都很少，打针吃药就更少了。

可就在我们觉得一帆风顺的时候，孩子患上了湿疹。到现在我还是不明白孩子为什么会得湿疹，为什么会那么严重，当时的情景让我现在回想起来仍然心有余悸。湿疹首先出现在孩子的脸上，由于痒得难受，我们把他立着抱的时候他就把脸放在我们肩上使劲蹭，一下就蹭成了大花脸，紧接着身上也长出了湿疹，一身上下基本上没几块好的地方。如果不是姥姥闻讯赶来并接到老家治疗，仅凭我们的经验和办法，后果恐怕不堪设想。后来听姥姥讲，她打听到一个秘方——用绿豆加红糖熬汤，每天不停地往孩子身上抹，同时用袜子把孩子的手套住，不让他挠自己。经过姥姥的精心调理，一段时间之后，孩子的湿疹才终于治好了。

湿疹的事虽然吓坏了我们，更大的挑战还是孩子的吃饭问题。吃奶的时候儿子就已经有了不会吃的征兆。我的母乳比一般母亲多，儿子三个月大的时候长得白白胖胖，可随着儿子越来越大，我的母乳越来越多，儿子却没有吃得越来越多，我不得不经常把多余的母乳挤了倒掉，白白浪费了好多母乳。儿子满一岁后，我就给他断了奶，没想到，断奶之后问题更加严重，吃饭成了大问题。为了让儿子吃东西，我常常是喂完他就累得什么也吃不下，别人生完孩子会发胖，我却在孩子满三岁之前变得十分苗条。儿子本来就长得秀气，消化不好导致他十分挑食，挑食又导致他看上去更加瘦弱，脖子细得吃叶菜时常被噎着。看到别的孩子吃饭那么好长得那么壮，我心里真可以用“羡慕嫉妒恨”来形容。一天，一位朋友对我说：“别着急，咱们胡宸是先长智力，后长身体。”明知朋友说的是安慰的话，但我还是深受启发：长身体和长智力对孩子来说同等重要，我的孩子可能需要我倾注更多的心血才能健康成长。

从那以后，孩子的一切事情，无论大事小事，无论是生活上的、身体上的、学习上的、性格上的，无论是干得了的还是干不了的，只要与孩子的成长有关，都成了我的工作重点。从没做过饭的我毅然决然地开始演奏锅碗瓢盆进行曲，从没想过要做贤妻良母的我琢磨起了如何把家营造得更温馨，把孩子培养得更优秀。如果说我是经过努力拼搏才考上了大学和研究生，吃得苦中苦才成为一名大学老师，那么养育儿子对我来说是更大的挑战，因为这个挑战不仅时间更长，而且对耐心、耐力、责任心乃至聪明才智都要求更高。

会睡的娃娃

严格的作息时间和充足的睡眠给儿子带来的
不仅仅是精力充沛、学习效率高，
同时还把他培养成了一个做事严谨、富有责任心的人。

据说妈妈怀孕时睡觉好，孩子出生后也会睡觉好，我和儿子的经历正好印证了这点。

我怀儿子时被老公戏称为“睡美人”。一是因为我很爱睡，二是因为我在大学当老师，一星期只有两到三次课，有时间睡觉。最主要的是老公和我同在一个系教书，一发现我肚子里有了小宝宝，那个准爸爸就把我的课啊家务啊什么的全都揽了过去，所以我每天不仅早上能睡懒觉，中午能睡午觉，其他时间也可以想睡就睡。儿子出生之后，果然也是个“睡美人”。记得儿子大概三个月大的时候，一天我和他爸吃完晚饭准备抱他出去散步，我们把他搁在床上换衣服，等把衣服换好，却发现这步散不了啦，因为儿子已经睡着了！他入睡之快，睡得之香，着实让我们佩服！

因为儿子爱睡，我感觉累的时候经常会以装睡来骗他睡觉。只要我躺着不动，把眼睛闭上，儿子一般都会很快在我身边睡着。开始时我只是想用这个办法休息一下，没想到这办法不仅好使，而且还有意想不到的收获，因为我发现，没睡好时他会容易发脾气，而睡好之后他就很少哭闹，让他多睡觉，我的工作既减轻了也变得容易了。

上幼儿园后，因为早上起得早，我给儿子规定晚上八点钟就得睡。这个规定刚开始执行起来还比较容易，因为儿子在幼儿园呆一天其实挺累的，到晚上八点他自然也就困了。随着年龄的增加，他发现其他孩子都没有睡得这么早，于是跟我提出抗议。我平时观察到他白天一般不犯困，在幼儿园学东西也比其他孩子快，估计晚上睡眠有保障是主要原因，所以我很坚定地拒绝了儿子的抗议。我跟他说，如果睡晚了，第二天会没精神，学东西就会很慢，你愿意这样吗？他想了想，觉得妈妈的话有道理，就不再坚持晚睡了。

上小学后，儿子的睡觉时间改成了晚上九点。为了给他创造好的睡眠环境，我们那时几乎不开电视机，吃完晚饭弹完琴，儿子自然就想睡了。特别值得一提的是，儿子几乎不在家里写作业，一是因为他写作业很快，二是因为他习惯在学校写作业，老师一布置完他就开始写，回家时所有作业都写完了。儿子在上完一天的课之后还能坚持把作业写完，保持如此旺盛的精力，如果没有良好的睡眠习惯，我想是很难做到的。说实话，那种晚上写作业到深夜，第二天白天上课昏昏沉沉，晚上又迷迷糊糊写作业到深夜的恶性循环，在他身上从来没发生过！

严格的作息时间和充足的睡眠给儿子带来的不仅仅是精力充沛、学习效率高，同时还把他培养成了一个做事严谨富有责任心的人。习惯了每天按时睡觉，其实也就习惯了每天按时起床。儿子上学期间，我每天早晨六点起床做饭，六点半的时候把他叫醒。为了帮助他醒瞌睡，我会摸摸他的头或者亲亲他的脸，他一般都会很听“哄”，虽然眼睛还没完全睁开，但穿衣洗漱很快就会有条不紊地进行，七点之前肯定一切准备停当，从来不会磨磨蹭蹭手忙脚乱。有一次，不知什么原因我六点钟没有像平常一样醒来，孩子爸爸也睡得正香，突然我们听到孩子急切地喊着：“妈妈！妈妈！”我们猛然惊醒，一看家里的钟，七点差一刻！我赶紧起来把儿子的早餐准备好，让他带着早餐出发。好险哪，要是儿子没有及时醒来，那天他就迟到了！他从来没有迟到的记录，也许是他的习惯和责任心告诉他一定要醒来一定不要迟到？后来我问他那天是怎么醒来的，他说他也不知道，就是感觉有点不对劲儿。一个几岁的孩子，一个习惯于每天被妈妈叫醒的孩子，居然在关键一刻创造奇迹，妈妈的一时疏忽很幸运地让他自个儿神奇弥补，真的是不可思议！儿子不仅能睡，而且还能醒呢！

不要妈妈抱

一个二岁多的孩子能有这样的表现，
这肯定是个奇迹，
而这个奇迹背后一定有其产生的原因。

孩子学会走路和学会说话也许自然就是错开的，常常是说话早的孩子走路晚，走路早的孩子说话晚。我儿子说话很早，八个月的时候就已经能用很多叠词表达思想了，如要吃饭他就会说“饭饭”，想开灯他就会说“灯灯”。但他的身体发育却比别的孩子晚。人们常说“七坐八爬”，可是九个月了他还坐不太稳，爬也只会倒着爬，一岁时居然还没开始下地走路！

我儿子走路晚，可能还有很特殊的原因。一是我比较爱干净，怕把孩子弄脏，就不愿意让他在地上玩；二是孩子的爸爸似乎抱孩子有瘾，别的忙他也帮不上，有机会就得意地抱着孩子不撒手，出去玩甭管路有多远时间有多长，他都能一直抱着不喊累。这样一来，不仅造成了孩子走路晚，还造成了本来就腰疼、被其他活累得够呛的我很少抱孩子走路。

孩子在一岁两个月的时候终于能走路了。也许是因为早就该会了，也许是因为他观察很久了，他没有经历摔跤阶段就直接能走了。虽然开始走的时候样子有点好笑——一定得抱着自己的肚子，我们还是被他的“一鸣惊人”惊呆了。

在儿子二岁多的时候，有一天我带他去一个朋友家玩。由于玩得久了点，加上天已经黑了，回家的时候儿子已精疲力尽。看到儿子又困又累，我就跟他说：“今天妈妈抱你走吧！”没想到儿子却哭着说：“不要妈妈抱！妈妈抱不动！”无论我怎么跟他说妈妈可以试一试，妈妈可以想办法，他还是只管小嘴不停地嘟囔：“宝宝走不动了！要是爸爸在就好了！”就是不肯让我抱！我们是从湘潭大学的南洋村回到北斗村，正常情况走路大概要十来分钟，儿子因为太小，走得比较慢，我感觉那天走了半个多小时，他就这样硬挺着，几乎是闭着眼睛坚持自己走回了家！

一个两岁多的孩子能有这样的表现，这肯定是个奇迹，而这个奇迹背后一定有其产生的原因。我和孩子爸爸是大学同班同学，进大学时都只有十五岁，虽然都读完研究生才结婚，在同学里仍然属于早婚早育，因为我们结婚时只有二十三岁，孩子出生时也只有二十六岁，所以我们在儿子面前的表现就像是两个大孩子照顾一个小孩子：妈妈和儿子更像是朋友，爸爸和妈妈更像是兄妹；妈妈主内多一些，料理家务一马当先，家里一尘不染、饭菜可口是妈妈的杰作；爸爸主外多一些，事业做得风生水起，在家时就尽可能做一些力所能及的事情，抱孩子成瘾是最典型的例子。这种分工明确、配合默契让孩子耳濡目染，让他早就知道哪些事应该是妈妈做的，哪些事应该是爸爸做的。现在该爸爸做的事爸爸却不在，他就想到了由他来顶而不是让妈妈顶。我估计，他倔强地不让我抱，是因为他认为当时让我抱他是不对的，认为妈妈抱着他走路会很难受，他得想办法不让妈妈难受。

在后来的岁月里，儿子无论在学习上还是在生活上都经常表现出这样的“懂事”。比方说，我很少听到儿子抱怨任何人或者任何事，不是他没有遇到过，而是他总是会自己去面对，不愿把难题转移到我们身上；只要是认准的事他都会很努力地去做，遇到问题都是靠自己解决，无论多难都不会找我们帮忙。最重要的是，在他心目中，他和我们是平等的，他从不会认为父母理所当然就应该强一些，孩子理所当然就应该弱一些；相反，他认为我们能干好我们所做的事情，他也能做好他所做的事情。正是因为从小就有这种思想，从上幼儿园起，他就一直显示出能力超群、踏实肯干。

作为妈妈，我感动于儿子对妈妈的心疼，感动于儿子的毅力和坚持，更感动于爱创造的奇迹。那么小的孩子，就知道从别人的角度思考问题，就知道靠自己渡过难关，就知道用行动来表达自己的爱！每次回忆起这件事，我心里都会感觉暖暖的。

“大闹天宫”

儿子初上幼儿园的故事，
让我明白了爸爸妈妈对孩子有多重要，
家对孩子有多重要，孩子离开家又有多重要。

儿子三岁才上幼儿园。三岁以下的孩子，幼儿园也能接收，考虑到孩子吃喝拉撒睡都还严重依赖别人，我既怕孩子受罪，也怕孩子生病什么的，所以三岁前没有送幼儿园。

上幼儿园的第一天，儿子就成了幼儿园里的大名人，因为他实在“太厉害了”！当时的老师是这样跟我描述的：

孩子们吃完午饭该睡午觉了，胡宸同学却死活不肯睡。

胡宸：“我要我妈妈！”

老师：“你好好睡觉，一会儿就能见到妈妈。”

胡宸：“不行，见到妈妈我才睡！”

老师：“不睡不能见妈妈。”

胡宸：“那你把门打开！”

老师只好把门打开，没想到胡宸一下冲了出去。老师急忙去追他，其他老师听到动静也赶快过来帮忙，好容易才把他“抓”了回来。见胡宸小朋友逃跑得那么坚决，老师想，吓唬这孩子是没有用的，不如跟他套套近乎，于是对他说：“你是常德的吧？”“我不是常德的，我是津市的！”孩子那时讲一口津市话，津市是常德地区的一个县级市，一般人会把津市人说成是常德人，孩子不知道这一点，所以纠正老师的说法。“你爸爸是胡老师？”“我爸爸不是胡老师，我爸爸是胡敏！”老师又好气又好笑，估计轻易对付不了这个学生，于是把园长请了过来。看到是个慈祥的老太太，习惯和姥姥在一起的儿子防范心一下少了许多，园长说的话也开始管用了，最后在老园长的安抚下才安安静静地度过了那一天。

第二天，儿子在幼儿园的表现完全变了一个人，不仅一点没闹，而且很听话，老师都觉得特别奇怪。快到“六一”儿童节了，儿子不仅参加了文艺演出，而且每个节目都有他！虽然是个男孩子，在舞蹈班他可是名副其实的主角！

儿子在湘潭大学幼儿园只呆了一年，四岁时就跟着我们来了北京。临走前夕，我们去和幼儿园的老师告别，带儿子那个班的老师说：“开始我以为胡宸很难带，现在我觉得一个班有100个胡宸这样的孩子我也能带下来！”儿子这一进一出，反差怎么会那么大呢？

我琢磨，儿子第一天“大闹天宫”，主要是因为担心再也见不到妈妈了。他不知道上幼儿园意味着什么，所以拼死也要逃出来。等他明白妈妈到时就会来接他，幼儿园是个玩要和学习的地方，他就放心地适应了新的生活，并且能力得到了最好的发挥。

儿子初上幼儿园的故事，让我明白了爸爸妈妈对孩子有多重要，家对孩子有多重要，孩子离开家又有多重要。如果爸妈和孩子相处时间太少，孩子可能一辈子不觉得爸爸妈妈有多亲，爸爸妈妈的角色可能很容易被替换，那些单亲家庭的孩子可能面临的就是这种情况。孩子太早离开家，他/她对家可能不会有那么眷念。有个在美国留学的孩子，由于从小住校长期不跟家里联系，突然有一天他打电话给父母，结果把父母吓了一大跳，因为他们的第一反应可能是孩子出事了，不然怎么会打电话呢？而从另一方面来讲，孩子不融入社会，他/她可能永远长不大飞不高走不远，现在的啃老族（我认为还可以分为物质啃老和精神啃老）多半是因为与社会融合度不高，不能实现完全独立，永远要靠着父母过日子。

儿子大闹幼儿园的事还给我一个启发：孩子对新的环境反应如此强烈，如果准备工作做得好，孩子适应起来可能会更快更容易一些。如果我在送他去幼儿园之前就带他去幼儿园体验过，让他提前熟悉那里的环境，或者提前告诉他可能出现的情况，他或许就不会那么害怕那么抗拒了。但我当时真的没有想到这一点。好在这是他人生经历的第一次“挫折”，后来上小学上中学乃至上大学我就知道如何提前作准备了。这次在幼儿园“大闹天宫”不但没有造成任何难以挽回的损失，反而让我悟出了一些重要的育儿经验，也算是个不错的意外收获吧。

要睡妈妈的床

孩子独立睡觉是很科学的，
一是这样更卫生，
二是有利于培养孩子的独立性。

儿子很小就独立睡觉，让儿子养成这个习惯经历的曲折还真不少。

最开始的时候，因为是母乳喂养，为方便喂奶我是带着儿子一起睡的。那时还没有尿不湿，我们给孩子用的尿布是按老人推荐的方法用旧衣服旧被单之类的旧棉布做的，晚上儿子不仅要带着尿布片睡觉，床上还要给他铺上厚厚的一层。据说吃母乳的孩子尿更多，儿子经常是这边吃着母乳那边开始撒尿，晚上给他换尿布片就成了一项艰巨的任务！刚开始的时候赶上我实在不想动弹，我会用脚踢一踢孩子爸爸，让他起来执行任务。或许是白天工作太累，亦或许是年轻的时候瞌睡太大，孩子爸爸经常是一个激灵坐起来，好半天才揉着眼睛冒出一句“要我做什么？”。看到初为人父的孩子爸爸如此纠结，我还真不放心把孩子交给他，心想与其两人整晚都睡不踏实，不如我一个人值夜班好了，这样至少能保证他有更充沛的精力值好白天班，于是我对老公说“你继续睡吧”，然后自己挣扎着爬起来。

做一件事光有决心还不够，还得有顽强的毅力，带孩子更是如此。果然时间一长，我发现自己的毅力越来越成问题。我不仅不能起来给孩子把尿，就是孩子尿了我也爬不起来，没带过孩子的人可能很难体会那种无奈和沮丧。到最后我只好采取了不是办法的办法——让自己睡在尿里——孩子尿完我就把他挪到一块干净的地方，尿湿了的地方我自己睡！

当妈妈的肯定不会嫌自己孩子的尿臭，也不会觉得为孩子受这样的苦感到委屈，但让自己睡在孩子的尿里肯定不是长久之计，无论从卫生的角度还是从健康的角度都不能长此以往。经过激烈的思想斗争，我开始“狠心”让孩子一个人睡摇篮。可能是因为孩子太小，还不知道什么叫孤独，还没有本事跟我抗议，也可能是我的儿子真的很乖，让他一个人睡摇篮还真没费什么周折，相反他一个人睡得更踏实。看着孩子睡得那么安稳，一点哭闹都没有，我自己也能休息得更好，真后悔没有早点让孩子“独立”出去。

我把儿子的摇篮放在我的床边，伸手就能摸到，睁眼就能看到。虽然从距离上来讲并没有太大改变，效果上的改变却是十分明显——孩子睡得安稳，我起来给他换尿布也变得容易多了。到后来，我发现不知不觉中我已经练就出一种本事：只要孩子快尿了，我就能醒，哪怕我睡得再香，孩子有任何动静我也能感觉到！睡好觉和值夜班好像一点也不冲突！原来带孩子也要讲究方式方法，我为自己能及时做出调整颇感得意。

可是，孩子的变化有时是突如其来的。那是儿子三岁左右的时候，有一天儿子突然心血来潮提出要跟我们睡，因为儿子从来没有提过这样的要求（以前带他睡是我们的决定，他那时还不会提要求呢），我们也很高兴有更多机会跟他亲近，所以很爽快地答应了。等儿子真正跟我们睡到一起，我们发现不仅麻烦来了，而且问题还很严重。首先，孩子已经大了，我们的床是普通双人床，空间有限，睡在一起会觉得拥挤；其次，很久不带孩子睡，有孩子在旁边我们不敢随便翻身，生怕一不小心压着他，所以经常睡得很不踏实；最重要的是，因为早晨八点就得出去上课，我们必须早起，这样就会影响到孩子的休息。一起睡没几天，我和孩子爸爸都觉得饱受折磨，可儿子一到睡觉的时候还是会吵着要睡妈妈的床，我们感觉到了问题的严重性。

问题奇迹般地被解决是我们完全没有想到的。那天我们先给孩子洗完，然后自己也准备洗洗睡，这时就听到儿子在那儿使劲喊“要睡妈妈的床”，正在洗脚的爸爸情急之下顺手在身边的茶几上拍了一下。不知是用力太猛还是玻璃茶几质量实在太差，“哗”的一声茶几碎成了几块。听到茶几破碎的声音，儿子的喊声嘎然而止。说实话，我当时没有料到一向温文尔雅的爸爸会突然有那样的举动，茶几碎了我倒没觉得有多心疼，我的第一反应是儿子可能被吓着了——但我同时也意识到如果我表现得惊慌失措，儿子肯定会吓得更厉害；如果我赶快跑去安慰他，爸爸发火茶几被毁马上就会产生负面效果，爸爸的威信也会荡然无存，所以我努力克制住自己的情绪，只是默默走到儿子身边。儿子见我什么也没说，乖乖地睡到了自己的小床上。

第二天，儿子时不时地跑到阳台上神色凝重地看着玻璃残片，我问儿子还要不要吵着睡妈妈的床，儿子懂事地摇摇头，从此再也没有提过要和我们一起睡的要求。

我们从来没有大声训斥过儿子，更别说当着他的面摔东西。

爸爸的“一时冲动”属于“超常发挥”，没想到收到了神奇的效果。我想如果儿子平时对打骂之类的教育方式习以为常，爸爸的吓唬可能就不会起任何作用 ，玻璃茶几碎掉也不会引起儿子的警觉。儿子看似是被吓唬住的，其实是因为他的猛然醒悟，他知道自己“闯祸”了。如果孩子从小就好赖管不住，坏毛病越来越多越来越严重，家长恐怕就会越来越凶越来越绝望，这种情况下家长和孩子之间肯定会形成一种恶性循环。反过来讲，家长找准机会偶尔对孩子严厉一次，孩子可能会明白父母的底线，从而学会约束自己的行为。在后来的岁月里，孩子爸爸再也没有出现过“失控”，孩子也很少表现出无理取闹，我想这就是家长和孩子之间共同建立起来的一种和谐。

后来我从书上了解到孩子独立睡觉是很科学的，一是这样更卫生，二是有利于培养孩子的独立性。我认为孩子从小养成自己睡觉的习惯有百利而无一害，儿子后来的身体发育和智力发展都超出了我们的预期，我想这与他从小就养成了健康的睡觉习惯是密切相关的。我现在倒是很希望难得回家小住的儿子能和我们睡在一个床上聊聊天撒撒娇，但这毕竟只是难得体验一回的奢侈享受，绝不是正常的生活习惯。

自己去上幼儿园

如今，每当儿子向我们报告他所取得的成绩时，
我脑海里总是会浮现他三岁自己去上幼儿园的情景，
一个小小的、自信自强而且自立的孩子在路上一步一步走向幼儿园……

儿子适应幼儿园的生活之后，每天都盼望着去幼儿园。他很喜欢上学的感觉，每次从幼儿园回来都会迫不及待地向我们展示他那天学到了什么，比如画了什么画，写了什么字，唱了什么歌；告诉我们幼儿园发生了什么事，比如哪个同学哭了，哪个同学被老师表扬了……似乎幼儿园是个精彩的世界，他很乐在其中。

那时我们家经济条件不太好，加上生活在校园里，平时出门都是靠走路，送儿子上幼儿园也是如此。开始的时候，是爸爸抱着或者背着儿子去幼儿园，我在旁边陪着，慢慢地就变成了我们牵着他的小手一起走。儿子似乎天生就不喜欢偷懒，只要一路上跟他说话，跟他讲故事，或者说句表扬的话，他就会自己走得很来劲。

有一天早晨，儿子对我们说："我今天自己去幼儿园，不要爸爸妈妈送！"我和爸爸你看着我，我看着你，半天不知如何回答。"那好吧，今天你就自己去幼儿园，爸爸妈妈不送你。"还是我胆子大一点，首先答应了儿子的请求。

爸爸不知道我葫芦里卖的什么药，表现出一脸的担心。只见儿子背起他的小书包，得意洋洋地走出了家门。我赶紧招呼爸爸悄悄跟上。

从我家到幼儿园，地形比较复杂，首先得走过一片树林，然后下很多台阶，最后还要过一条马路。我和爸爸始终和儿子保持一定距离，我们可以看见他，他却不知道我们跟在后面。让我们惊讶的是，儿子不但没有走错路，而且还一路哼着小曲，完全没有不确定或者害怕的感觉。看到他安全地进了幼儿园，我们终于松了一口气。

从那以后，只要儿子提出自己去幼儿园，我们照样会答应，同时照样会在他后面悄悄地跟着。

虽然儿子的“独立”一点也没有减少我们的工作量，相反还增加了许多麻烦——我们会提心吊胆，并且要随时准备阻止意外发生——但我们很乐意配合他的行动。悄悄地跟在他后面也很有意思，我们可以拉开一点距离观察到一些以前不知道的东西。我们可以看到遇到不认识的人他会如何反应，马路上过来车他会怎样躲避，他一个人走路需要多长时间，他会不会被路上发生的事情吸引而忘了去幼儿园……嘿嘿，儿子的表现让我们很放心，儿子稚嫩而坚定的步伐、弱小却可爱的身影让我们心中充满了骄傲和自豪！我不仅佩服儿子的胆量，同时还佩服他的能力。每次看到他准时而安全地到达，那种既高兴又得意的感觉真的是美妙极了。

到后来，我们有事不能送他去幼儿园的时候，就让他自己去。我们不仅很放心，而且相信他能处理任何突发情况。他的这种能力在同龄孩子中应该是很少见的，但他真的做到了。

儿子要自己上幼儿园的事应该具有一定的普遍性，相信很多孩子都有过类似的想法，因为随着年龄的增长，孩子一定会有想独立想证明自己的时候。可惜的是，有些家长，尤其是独生子女时代的家长，无论孩子多大，都不愿意放手，让孩子饭来张口衣来伸手不说，还生怕孩子吃一点苦受一点累。不一定是不相信孩子，而是只考虑到付出自己的爱，从而忽略了孩子真正的需求。其实，孩子在成长路上不仅需要关心和照顾，同时也需要信任和鼓励。如果我们在儿子提出自己上幼儿园的时候坚决不同意，他今后还会提出来自己独挡一面吗？还会尝试冒各种险吗？如果当时我们扼杀了他的想法，让他顺从了我们的“好意”，他今后会有自己的思想吗？会主动寻找机会锻炼自己吗？我们尊重了孩子的意愿，给了他机会，我觉得我们爱得明智；我们暗中保护，为儿子的安全把关，为他的成功高兴，我觉得我们爱得深沉！儿子在三岁的时候就有了自己上幼儿园的经历，他不仅培养了自信，还体验到了成功的感觉！如今，每当儿子向我们报告他所取得的成绩时，我脑海里总是会浮现他三岁自己去上幼儿园的情景，一个小小的、自信自强而且自立的孩子在路上一步一步走向幼儿园……

爱坐公交车

我们没有因为心疼孩子而剥夺孩子坐公交车的机会，
没有因为坐公交车辛苦而让孩子与“点亮智慧”失之交臂！

儿子小时候有个特殊爱好，那就是爱坐公交车。

儿子出生头几年，我们家住在离校门不远的地方。校门口有一个公交车站，我们进城都会去那里乘车。有一天我去上课了，带孩子的事就交给了爸爸，爸爸突发奇想带着儿子上了公交车，从起点一直坐到终点，然后从终点又坐回起点。没想到这么来回坐在车上，儿子不但不厌烦，而且还很高兴。儿子显然很喜欢这个创意！从那以后，爸爸每次值班看孩子时，都会带他去坐公交车哄他开心。

来到北京后，因为经济条件的限制，我们出门很少坐出租车，这给儿子提供了更多的坐公交车的机会。出去玩的时候坐公交车，去上课也坐公交车。由于爸爸来北京后养家糊口的担子更重了，坐公交车的时候基本上都是我陪着儿子。慢慢地，我发现儿子坐公交车很有特点，他在车上喜欢做两件事：一是算题；二是认字。

每次上车不久，儿子就会要求我给他出题，比如35+28等于多少？97-14等于多少？看到他兴趣那么大，我不但要给他出各种题，而且要不断增加难度。他算的时候格外认真，不仅不觉得枯燥，而且还要和我比赛，看谁的答案又快又准。周围的人看了经常会投来惊奇或赞许的目光，儿子这时会更加认真地继续算题，似乎别人的关注对他是一种鼓励。

有时候他会趴在车窗上往外看，看到窗外的大字会问我那是什么？那个字怎么念？我得不停地回答他的这种提问。由于在车上从来不闲着，每次坐公交车，我们都会觉得时间过得非常快，一点也不觉得累，而算题和认字也成了一种享受。养成习惯之后，每次出门，我们都会直接等公交车，那些从我们眼前飞驰而过的出租车，似乎跟我们一点关系都没有。

最有意思的是，有一天我们上了一辆中巴车（那时还有很多中巴车）。因为要坐到最后一站，我们选择了最后面的座位坐下。不一会儿上来了一个个子高高的外国人，身边跟着个中国小伙子。老外和中国小伙子上车后一直说着英语，看样子老外对北京不熟，小伙子在给他作介绍。儿子看到老外感到很新鲜，可能是想到我是英语老师，能够说英语，而这时又正好经过友谊宾馆，看到友谊宾馆的英文招牌，儿子突然问我："妈妈这个地方用英语怎么说？""Friendship Hotel!"我答道。"Who's speaking English?（谁在说英语？）"那个老外不由自主地问了一句。老外肯定没想到公交车上还有人能说英语，顺着声音他很快看到了我们。我朝老外说了声"Hi!"，接着我们就用英语聊了起来，儿子则得意而认真地看我和老外用英语对话……

类似这样的故事还有很多，儿子显然把坐公交车当成了一个很好的学习机会。作为独生子，儿子平时接触的人不多，在公交车上能见到各种各样的人，这对他就是一种吸引。儿子天生好奇，发现在公交车上不仅能学知识，而且能引起别人的注意，自然就会获得一种成就感，所以他对坐公交车产生了特殊的兴趣。其实，每个孩子在成长过程都会有类似的兴趣和爱好，不同的是，有的孩子发现了这样的机会，有的孩子没有发现这样的机会。作为家长，如果能观察到孩子这样的动向并给予很好的配合，孩子得到这种机会的概率就会大很多。我记得刚来北京时，有个同事的孩子和我儿子一样大，他不仅每次出去都会打的，而且一上车就问："叔叔有空调吗？"如果没有空调，他就会下车换另外一辆的士，决不肯受一点委屈。我当时就想，这个孩子这么会享受，遇到条件艰苦的时候怎么办？他在学习中吃得了苦吗？我感到庆幸的是，我们没有因为心疼孩子而剥夺孩子坐公交车的机会，没有因为坐公交车辛苦而让孩子与"点亮智慧"失之交臂！

初到北京

应该多花时间和精力让孩子很好地度过幼儿园时期，
不能等到他上小学甚至上中学
再去关心他生活能力的培养和学习习惯的培养。

1994年，因为我们的工作调动，四岁的儿子来到了北京。

由于我们新进的学校没有自己的幼儿园，儿子只能到附近一所大学的幼儿园上学。初来乍到，而且是从地方到首都，我很为儿子能否适应新环境而担心。儿子在南方上幼儿园已经得到老师和同学们的认可，而且很有受宠的感觉，现在人生地不熟的，他会感到有心理落差吗？这里的老师会喜欢他吗？他会喜欢这个新幼儿园吗？

我的担心很快就被证明是多余的。儿子对上幼儿园依然保持着浓厚的兴趣。刚上幼儿园没几天，老师就主动告诉我："你的儿子很不错。"接着举了一堆的例子来证明：他学扣扣子系鞋带一学就会，学跳绳比别人快，和同学关系也好，对老师特有礼貌……老师是个胖胖的中年妇女，一看就是个富有爱心和责任心的人。听到她的介绍我不仅如释重负，而且坚信，把儿子交给她我绝对可以放心。

因为这时已经上到中班，每天都会有文化课，儿子在文化课上的表现让老师很吃惊：他不仅专心听课反应极快，而且每门课都好。有一次我去接他，早到了一会儿，于是就走到教室门口看他们上课。儿子那时个子很小，坐在前排，一眼就能看到我，可他就像没看见我似的继续听课，连头都没有转动一下，下了课才跑过来找我。我问他为什么看到我没反应，他说：“我在上课呢，老师说上课的时候不能开小差！”儿子人虽小，却相当有判断力和自制力！

我记得儿子的幼儿园当时还开设了许多兴趣班，比如绘画班、手工班、舞蹈班、珠算班等等。一般孩子可能就选一到两门课，可我儿子却是一门不落。我问他为什么上那么多班，他说每门课的老师都告诉他让他上，有的课是老师直接点名要他上的。虽然比别的孩子累一点，玩的时间少一点，我想只要孩子愿意，只要老师乐于教他，我也就没有反对。

每年“六一”儿童节，幼儿园都会举办隆重的庆祝活动。幼儿园张灯结彩，孩子们打扮得漂漂亮亮，家长们也被邀请过去分享快乐。整个活动的高潮自然是孩子们的各种表演。舞蹈班的节目最多，儿子几乎每个节目都参加。到最后表演压轴的集体舞时，我发现整个舞蹈班只有两名男生，儿子是其中一个，而他还是节目的领舞！

儿子在幼儿园被所有老师一致认为是很优秀的孩子，其他家长也都知道我儿子的出色表现，都愿意让自己的孩子和他在一起，因此儿子的朋友非常多，几乎每个小朋友过生日都会邀请他参加。

儿子在幼儿园的成长经历为后来的学习和生活打下了良好的基础，他在小学和中学都表现得出类拔萃。儿子本身的优秀固然很重要，家长的作用也不容忽视。由于是新到一个陌生的环境，我比一般家长对孩子的学习和生活多了些关注和参与，更多地考虑到了孩子可能遇到的问题。那种全身心的投入，有时让我觉得自己是在和儿子一起上幼儿园，自己又过了一次童年。孩子在我的陪伴和照顾下，基本上没有出现任何闪失，包括身体上、学习上和性格上。现在回想起来，我觉得即使是在很熟悉的环境里，也应该多花时间和精力让孩子很好地度过幼儿园时期，不能等到他上小学甚至上中学再去关心他生活能力的提高和学习习惯的培养，因为孩子在三岁到六岁这段时间其实已经形成了很多习惯和想法——刚刚开始懂一点事却又什么都还不懂，这时候他们对什么都会感兴趣，对什么都会觉得新鲜，对什么都会吸收得很快。我儿子能够保持旺盛的精力，拥有健康的身体、敏捷的思维、良好的习惯，这些都需要在最早的时候播下种子，然后让这些种子生根发芽，最后让小秧苗逐渐长成参天大树。我是这样想的，也是这样做的。

那为什么呢？

真的很感谢孩子问的那些为什么，认真而巧妙地回答那些为什么也许比直接对孩子进行说教效果要好得多呢！

像许多孩子一样，儿子小时候经常会问“那为什么呢？”

面对孩子的提问，很多家长可能会认为孩子是有口无心，大人则不必当真，我却以为这是培养孩子的最好机会，父母不仅不能让这样的机会溜掉，而且还要想办法把这个机会利用好。想想看，认真而耐心地回答问题是不是会让孩子觉得你对他很重视呢？回答让他满意是不是显得你博学从而使你有权威？经常解答孩子的疑惑是不是会促使他做更多的思考？

2010年我去美国看儿子的时候，顺便去俄亥俄州看望了一对以前的学生。学生夫妇俩都是国际关系学院毕业，在美国生了两个儿子，大的五岁，小的才三岁，兄弟俩不仅长得十分可爱，而且汉语英语都说得极好。最让我吃惊的是他们很会与人交流，可以谈很多话题，而且三岁的弟弟一点也不比五岁的哥哥懂得少，他甚至还会经常想办法“打败”哥哥。我在学生家住了三天，因此有机会找到其中的答案。原来这个家庭是妈妈上班挣钱，爸爸在家带孩子，虽然经济上不如两人挣钱富裕，可孩子培养得非常成功。孩子掌握的知识毫无疑问大部分来自每天陪伴他们的爸爸，而这位爸爸对孩子表现出的耐心和智慧让我这个自认为还比较称职的妈妈看了都感觉有些自愧不如。我能想象孩子们为什么和我一见面就知道我是他们爸爸妈妈的老师，为什么会对我那么热情友好，为什么能跟我无所不谈，因为他们的爸爸在我到来之前一定回答了无数个为什么！

我儿子是个特别爱观察、小脑瓜很喜欢想问题的人，所以提的问题不仅多而且有时还真不好回答。比方说，儿子感觉总是我俩在一起，而爸爸经常不在我们身边，他可能会觉得爸爸是“多余的”，这时他就会问我“你为什么要嫁给爸爸？”看出他有点“排挤”爸爸的意思，我就告诉他爸爸要在外面挣钱，这样我们才能有饭吃。“那你为什么不去挣钱呢？”“妈妈也可以出去挣钱，可妈妈出去挣钱了，宝宝谁管呢？”“那宝宝长大了，妈妈是不是就要出去挣钱啊？”“当然啊！”“宝宝长大了妈妈也可以不去挣钱！”“那为什么呢？”我也问起了为什么。“因为我长大了就可以挣钱了，我挣的钱可以给妈妈！”呵呵，孩子没有我们想象的那么简单吧？

还有一次，儿子突然问我：“我是怎么跑到你肚子里去的？”“是因为爸爸放了一颗种子，然后就长出你来了。”“那我以后是不是也会有种子呢？”不知为什么他一下抓住了“种子”这个关键词。“当然有啊，但如果你经常喝可乐的话可能就没有了。”不久前爷爷奶奶来我们家做客，看到孙子喝可乐，曾提醒我说报纸上讲可乐会引起肥胖并有杀精作用，要我尽量不要给孩子喝可乐，我于是借题发挥了一下。“那我以后不喝可乐了！”儿子一脸坚决。从那以后，儿子真的再也没喝过可乐，雪碧橘汁之类的饮料也喝得少了。有时在外面见到别的孩子喝可乐，他会马上做个鬼脸对我说：“妈妈你看那个孩子还喝可乐！”也许喝可乐没有那么严重，看到这个故事可乐公司该不高兴了，但孩子小的时候真的要把好“进口”关，因为好的饮食习惯关系着孩子一生的健康和幸福。之前儿子经常吵着要吃麦当劳肯德基之类的洋快餐，因为别的孩子都爱吃，我们也只好偶尔答应一次。有一次我给了他一张百元大钞让他自己去吃披萨，他竟一次消费了九十多！可见孩子多么重视这个来之不易的机会！孩子肯定撑得不行，我心里也感到很不是滋味。如何解决这个问题呢？很长一段时间里我真的是一筹莫展。通过这次对话我居然毫不费力地把问题解决了！真的很感谢孩子问的那些为什么，认真而巧妙地回答那些为什么也许比直接对孩子进行说教效果要好得多呢！

每天都得“√”

通过表格化管理，儿子清楚地意识到，
我们对他要求很严格，同时又十分宽容。
这种既严格又宽容的教育方式，对他的成长起着决定性作用。

爸爸平时陪儿子的时间虽然不多，但他为孩子的成长做了一件很了不起的事，那就是表格化管理。

在爸爸的提议下，我们为儿子制定了一个表格，竖栏是日期，横栏是每天要做的事——起床、刷牙、吃早饭、学习、吃午饭、午睡、运动、吃晚饭、弹钢琴、睡觉，表现好就打“√”，表现不好就打“×”。我们准备了一张很大的纸，和儿子一起把表画好，然后贴在门上。

儿子很喜欢这张表。为了每一项都得“√”，他真的会严格要求自己，刚开始的时候他几乎每天都能得全优。看到那么多“√”，一个“×”都没有，儿子觉得很有成就感，我们也觉得儿子真的很棒。我心里暗暗称赞老公，这个办法真不错！

时间一长，儿子的新鲜劲过去了，似乎忘了表格的事，对自己的要求也放松起来。比如说吃饭，儿子有时候很挑食，我得费很大劲才能让他吃进去一点东西。再比如说弹琴，有时得做半天思想工作他才能坐到钢琴凳上，弹的时候还心不在焉。在表上打分的时候，我们都为难了：儿子表现不好，我们肯定不能打“√”，但也不能轻易打“×”，因为不能挫伤儿子的积极性；儿子不能要求我们打“√”，因为他的确表现不够好。在和儿子“商量”之后我们采取了一个折中办法，那就是这次原谅，下次改正，最后还是打了“√”。

儿子是个自尊心很强的人，对于勉强得来的“√”其实是很介意的，所以每次我们高抬手之后他又能好好表现几天。这样循环下来，表格上从未真正出现过“×”。等到一个月过去，打满“√”的表格看上去十分壮观，儿子看着既有得意也有压力。

因为没有打一个“×”，画第二张表格的时候，儿子还是兴致勃勃。因为有表格的约束和随时提醒，儿子慢慢养成了很多好习惯，比如说按时睡觉起床，自觉看书写字，一般情况下不需要我们太费口舌，他就能表现得乖乖的。最重要的是，通过这个表格，儿子知道我们一直在关心他帮助他，一直在培养他成为一个好孩子。

表格化管理大概持续了两年，等到儿子上小学，我们就不再使用这个办法了。在这两年时间里，我们肯定送了不少“√”，但绝大部分“√”还是儿子自己赢得的。特别值得一提的是，在儿子越来越大越来越懂事的时候，我们慢慢不再给他送分，实在不能打“√”的时候我们也不打“×”，而是空在那儿。这些留着的空实际上是我们使用的最厉害的一招，看到它们儿子肯定马上就能明白自己表现得还不够好，而爸爸妈妈还给他留着改进的机会。如果空太多，儿子会想办法及时调整自己，我们也会提醒他鼓励他，慢慢地表格上的空又会少起来。因为这张表格，我们大大降低了带孩子的难度，儿子也大大减少了犯错误的次数。

通过表格化管理，儿子清楚地意识到，我们对他要求很严格，同时又十分宽容。这种既严格又宽容的教育方式，对他的成长起着决定性作用。儿子从小知道他要尽可能好好表现，我们也尽可能把他往好的方向引；一旦出现不好的情况，儿子也不会有太大压力，他知道我们会有足够的耐心和宽容，我们会理解和帮助他，决不会对他进行打骂，因为我们平时对他连喝斥都很少有。

有一次我们请朋友来家聚会，有个正准备做妈妈的朋友对我们使用表格管理孩子大为赞赏，当时认定我们家的孩子一定很优秀，认定我们是懂得培养孩子的家长，并说以后也会学我们的办法，还说要经常向我们请教。听到朋友的表扬和肯定，我们一方面感到欣慰，一方面更加感到任重而道远。

“你会气死去”

儿子以前从来没有过这样的失败经历，
我这时的反应如果不是很得体，
说不定对他会是个巨大的打击，会埋下意想不到的隐患。

儿子在北京上幼儿园虽然一鸣惊人广受夸奖，但是作为孩子，他也会调皮，也会有摔倒的时候。

那天去接他放学，一切和往常一样。我和几个家长边聊边等，不一会儿孩子们就从教室蜂拥而出。儿子背着书包跟着我往家走，一路上没有说话。我以为是儿子累了，就跟他说：“马上到家了，马上就可以休息了！”没想到儿子却跟我说：“你不想知道我的成绩吗？你没看见其他同学都在告诉家长考了多少分吗？”“那你告诉我吧，考了多少分？”我立马觉得有点不对劲，儿子平时不用我问就会告诉我的。“你知道了肯定会气死去！”儿子着急起来。“不会的，你那么棒，考多少分妈妈都不会生气的。”看到儿子表情有点痛苦，我赶紧安慰他。“才考了60分！”儿子经常考满分，这个分数显然让他很失望很难过。“没关系的，妈妈回去帮你看看是哪里出错了，改过来下次就能考好了。”儿子见我不但没有责怪他，反而说话很坦然，脸上的表情一下轻松了许多。

回到家里，我和儿子赶忙拿出试卷。原来他们进行了珠算考试，不知什么原因，也许是开了点小差吧，儿子对二次进位没弄明白，没有在算盘上算出99+1=100，所以考砸了。弄清楚问题之后，我对他进行了辅导，不一会儿他就学会了。本来很沮丧的他，因为妈妈帮忙把问题解决了，很快转悲为喜，很快恢复成活泼可爱轻松自信的样子。

儿子的问题很快解决了，他的情绪也很快调整过来了，我却对这件事进行了长时间的思考。我一直在想，儿子对一时的失误反应为什么会那么强烈呢？他为什么会说出“你会气死去”这样吓人的话呢？是我平时对他要求太高？还是我给他的压力太大？是他自尊心太强吗？是他对自己要求太高吗？那么小的孩子，难道他知道自我检讨？知道没考好对不起妈妈？那么重的语言，难道他感到很煎熬很绝望？如果真的怕我生气，他为什么要把考得不好的成绩告诉我？他不会隐瞒吗？我感觉到了问题的严重性，儿子以前从来没有过这样的失败经历，我这时的反应如果不是很得体，说不定对他会是个巨大的打击，会埋下意想不到的隐患。我不敢想象，如果他对我瞒而不报甚至撒谎，如果他对自己不如意的成绩满不在乎，如果他不把我的感觉当回事，或者我不问青红皂白地批评他一顿，或者说出“你真笨”之类的话，或者没有耐心地帮他寻找原因以及解决问题的办法，不知结果会怎样……还好，儿子勇敢地告诉了我事情的真相，我也轻松地化解了这次“危机”，儿子的自信心和上进心没有因为偶尔一次失败而受到打击，儿子对我的信任也没有因为我的反应不当而减少。那些厌学、害怕考试、谎话连篇、不愿上学甚至跳楼轻生的孩子，是不是也曾经有过类似的经历、相同的感受呢？那些为孩子的学习发愁、为孩子的成长担忧的家长，是不是也曾经有过理解孩子、帮助孩子渡过难关的机会呢？经历这件事之后，我明白了孩子的成长过程是会有起伏的，我们期望的一帆风顺其实只是一种奢望，大人都很难做到不犯错误，更何况不太懂事的孩子。孩子遇到问题，其实就是家长遇到问题，孩子的问题得到解决，其实就是家长的问题得到解决，家长如何对待这些难关，决定着孩子能否闯过这些难关，从而有可能决定孩子一生的命运。

儿子考试失败，在整个幼儿园时期只出现过一次，而这次经历对他不但没有造成任何不良影响，反而给了他很多警示，让他明白了很多道理。在以后的日子里，他可能还会经历各种挫折和失败，但面对挫折和失败，无论是儿子还是妈妈，我们都不会惊慌失措，也不会束手无策，因为我们有过战胜困难的经验，从而有了战胜困难的信心。

我自己磕的

如果希望孩子长大之后能吃苦、够坚韧、有担当，
家长应该明白“吃亏是福”这个道理同样适用于孩子。

正如每个孩子都会生病一样，孩子小的时候难免会有跌跌撞撞、磕磕碰碰的时候。我观察到家长们此时的反应很有意思：老人们会边心疼地抱起孩子，边对着出事的地方直跺脚——“都是这地不好，害我们宝宝摔跤”；年轻父母会赶紧检查孩子有没有受伤，稍微有点严重会马上送医院，不太严重也会安慰半天，孩子往往会哭上好一阵子，可能不是因为疼痛难忍，而是因为大人们的惊慌失措或者夸张反应。

我同时也观察到不爱哭的孩子人见人爱，爱哭的孩子不仅别人不喜欢，父母自己最后也会很厌烦。等到孩子脾气越来越大，有的父母开始认为是孩子天生性格不好，不知不觉中由起初对孩子的极度疼爱逐渐转变成极度不满，结果就是我们常常看到的孩子相当叛逆、家长极其郁闷。

其实，家长心疼孩子是很自然的反应，但如果希望孩子长大之后能吃苦、够坚韧、有担当，家长应该明白“吃亏是福”这个道理同样适用于孩子。细心一点的家长可能会发现：孩子第一次

摔倒的时候如果没人扶他起来，他往往能自己爬起来；孩子摔得有点疼的时候家长如果假装没看见，孩子一般不哭或者稍微哭几声就没事了，只要家长一关心，孩子会格外哭得可怜。俗话说“孩子不装病”，孩子天生也应该不会装痛，一旦孩子真开始装痛了，那一定是大人培养的结果。

如果说父母对待孩子自己的磕碰摔倒缺乏理性会导致不良后果，那么如何看待孩子在外面的吃亏则更考验父母的智慧。简单地告诉孩子处处忍让在当今这个社会肯定是行不通的，粗暴地教孩子以牙还牙也未必能占到便宜。我有一位同事结婚比较晚，年近四十才有了儿子，因为他的儿子和我儿子同在北大附小念书，我们会经常讨论一些关于孩子的话题。有一天，同事突然问了我一个问题：“你儿子在北大附小经常被欺负吗？”我被问得莫名其妙，因为在我的印象中我的孩子在北大附小还真没被欺负过，至少我的孩子没有跟我说谁欺负过他，才几岁大的孩子怎么会知道欺负别人或者被人欺负呢？一个孩子经常被欺负会是什么原因造成的呢？经询问，我了解到同事的儿子在家从来没受过委屈，没有让过什么人，于是他在班上一和同学发生冲突就跟老师告状，因为老告状结果老受欺负，到后来这个孩子都不敢上学了。同事是急得没办法才跑来找我求救，我就坦率地告诉他解决办法只能是教会儿子如何与别的孩子相处，决不是让全班同学为他做出改变。同事听了恍然大悟，他马上意识到问题的根源其实是在他那里，由于过于疼爱自己的孩子，上小学前孩子全都由他自己陪着玩，基本不与其他孩子接触，等到不得不和其他孩子相处时，孩子感到很不适应，吃不得一点亏，又得不到照顾。爸爸原本是想保护孩子，没想到反而害了他，喜欢告状说明他习惯了找靠山而不是靠自己。

同事孩子的遭遇让我回想起了一件事。那是我们刚到北京的时候，有天晚上我给我儿子脱衣服准备睡觉，没想到竟在他是头上摸到一个拇指大小的包，我赶快问儿子怎么回事，儿子开始还跟我装迷糊，说哪有什么包呀，等我让他用自己的手摸时，他马上改口说那是他自己不小心磕的。儿子很有表演天赋，尽管他表现得若无其事，但我的直觉告诉我那个包肯定是有故事的，只是孩子不愿告诉我实情罢了。因为没有造成大的伤害，孩子也没拿它当回事，我也就没有追问下去，不是同事提起孩子受欺负我还真忘了有这件事。

说实话，儿子在被欺负之后的表现既让我吃惊，也让我感到宽慰。他小小年纪居然那么处事淡定和宽厚待人，我想他不告诉我真实情况决不是因为我平时不心疼他，也绝不是因为他比别的孩子傻，相反我认为是因为他不想让我心疼，是因为他真的聪明懂事。最重要的是，他有足够的自信才会那么泰然自若，在后来的日子里，类似的事情再也没有发生过，如果这种事情经常发生，我想他的反应会不一样，我多多少少也能感觉出来。

孩子是在经历中成长起来的，家长何尝不是这样。在儿子上湘潭大学幼儿园的时候，我也曾经经历同样的考验。那天我像平常一样去幼儿园接儿子，没想到班主任老师见到我老远就跟我打招呼，我心里顿时掠过一丝不祥的感觉，果然老师走过来告诉我儿子在幼儿园摔了一跤，下巴都给磕破了，接着就是一阵道歉，“我犯了大错，我太不细心了，都怪我没看好”之类的话说了一箩筐。虽然心里很不安，但看到老师内疚的样子，我真的不忍心在这个时候去责怪她，相反我还安慰起她来。等真正见到儿子我才意识到老师的惊慌失措还真不是小题大作，儿子的下巴肿得变了形，老师怕感染还涂了紫药水。看到孩子的可怜样我心疼得差不多要崩溃了，但理智告诉我无论我怎么发火发生了的已经发生了，设身处地想一想，老师也不是故意的，她也对这样的意外感到难过。再说，我自己看管孩子难道就没有意外发生吗？尽管心里面波涛汹涌，我还是保持了清醒的头脑，没有责怪老师半句。虽然我当时感觉很难受，把老师骂个狗血喷头、在幼儿园闹个底朝天也许能让我发泄一下情绪，老师一个月甚至一年的奖金立马泡汤，但我的家教和涵养不允许我做出那样的事来。更重要的是，我不希望儿子看到他的妈妈情绪那么失控，不希望他将来成为一个得理不饶人甚至横蛮无理的人，我当时的反应毫无疑问会对他产生很大的影响，无论是正面的还是负面的。我很庆幸我体面而优雅地迈过了那天那道坎。事实证明，我的宽容和大度不仅为儿子赢得了老师们的加倍宠爱，也让我真正明白了“吃亏是福”的深刻含义。儿子后来的宽厚待人和与人为善根本不需要我进行任何说教，我的言行举止就是对他最好的教育，如果我没有经受住那次考验，我很难想象会有怎样的后果。每当我回忆起我和儿子淡然面对吃亏的往事，我心中留下的只有骄傲和自豪，没有任何仇恨和遗憾的感觉，我相信我儿子的感觉和我是一样的。有这样的豁达和从容，难道不是一种幸福吗？

钢琴弹啊弹

儿子的学琴过程算不上成功，
唯一让我感到欣慰的是，
经过许多曲折，他终于还是坚持下来了。

儿子两岁左右的时候，对钢琴表现出了极大的兴趣。隔壁邻居家有钢琴，他不但喜欢去邻居家玩，而且坐在钢琴上“弹”得摇头晃脑的，一副很陶醉的样子。

刚到北京时，虽然经济上很拮据，我们还是节衣缩食为儿子买了钢琴。果然不出我们所料，儿子不仅学得很起劲，而且成了钢琴老师的得意弟子，老师教其他孩子时经常拿他作榜样。

我清楚地记得，儿子会努力地练习把手指抬起来，尽管因为年龄太小，手指还很软；儿子会咬牙坚持把一个新曲子弹下来，尽管因为难度太大，眼里还含着委屈的泪水；儿子会追着老师给他布置更多的曲子，尽管因为练琴他出去玩的时间越来越少。

儿子五岁时报考钢琴二级，结果一次通过。六岁时报考三级也顺利通过。我以为儿子是块学钢琴的料，会在钢琴上学点名堂出来。

没想到上了小学之后，儿子对弹钢琴的兴趣一下消失了。刚开始还只是练琴时跟我讨价还价，慢慢地就变成了以写作业为借口逃避练琴。只要我一提练琴的事，他马上就会去写作业。到后来我发现，我根本不需要担心他的学习，因为只要我说练琴，他就会去写作业！我真的被他弄得哭笑不得。

俗话说，强扭的瓜不甜，看到儿子对练琴那么抗拒，而且上学每天都是早出晚归，为了不给他太大压力，为了避免母子之间发生冲突，也为了给他一些思考的时间，我想不学就不学吧，不弹就不弹吧，于是一停就停了四年！

儿子十岁的时候，一天，我们又说起弹钢琴的事。这时儿子毕竟长大了懂事了，说着说着，他自己都觉得四岁就开始学钢琴，而且学得那么好，放弃了真的怪可惜的，于是答应把钢琴捡起来继续往下学。

这时，我正好碰到一个想考研究生的钢琴老师。她的英语基础不太好，希望我能帮她，而我儿子正要找个钢琴老师，这样我就把这位钢琴老师请到家里和儿子见了面。没想到，这一见面真的带来了改变。儿子不仅愿意听老师上课，还和老师成了好朋友。在这位老师的帮助下，儿子除了钢琴进步很快之外，还去中央音乐学院学习了音乐基础，而且还学会了作曲。虽然我们听从老师的建议没有再参加钢琴考级，儿子学琴的积极性一点儿也没受影响。后来儿子在学校有文艺演出时不仅能伴奏，还获得过原创歌曲“创作奖”！而那位教儿子的钢琴老师则顺利考上了研究生，现在已经拿到了博士学位。

儿子出国之前，有位朋友来家里表示祝贺。因为也准备让孩子学钢琴，朋友顺便向我们母子请教如何才能让孩子把钢琴学好，没想到儿子冲口说道：“我学钢琴就是因为我妈的连哄带骗！”的确，为了让他坚持下来，我会一直陪着他练，弹得再难听我也会一直兴致盎然；有时为了让他多练一会儿，我会说，“你这个曲子弹得真好，让我再欣赏一遍吧！”说实话，我连五线谱都看不懂，更别说真的懂钢琴，可儿子就觉得我什么都明白，说的话就是权威。我们之间的“哄”与“骗”彼此都心知肚明，但我们就是心照不宣，而且我们的配合还真有很好的效果。

儿子的学琴经历应该很有代表性。小时候什么都不懂，曾经被钢琴吸引过，刚开始也的确有一些兴趣，但真正把学钢琴作为一个任务来完成的时候，孩子和家长都会感到很大的压力和挑战，常常是孩子痛苦不堪，家长精疲力竭，最后只能半途而废。儿子的学琴过程算不上成功，唯一让我感到欣慰的是，经过许多曲折，他终于还是坚持下来了。就在前几天，我的一位朋友跟我说起她儿子与钢琴的事。她儿子从英国回来度假，问她家里既然买了钢琴，为什么没让他坚持把钢琴学好。她告诉儿子，是儿子死活不肯学。儿子就说，你当时为什么不揍我呢？一句话把当妈妈的说得哑口无言。我其实也是因为有个学生对我说了一句话，才想方设法让儿子坚持的。学生说：“您如果能让儿子坚持学琴，他将来会感激您的。”学生肯定是有感而发，他的话点醒了我。去年下半年，已经是大三学生的儿子跟我提出想买个电子钢琴放在宿舍里，我毫不犹豫地答应了。我知道，他不会经常练琴，也不会有时间经常练琴，但这架钢琴一定会成为他最心爱的朋友，会经常让他想起曾经走过的学琴之路，想起曾经教过他的钢琴老师，想起曾经陪他练琴陪他坚持的“骗人”妈妈。

爱“拼”才会赢

我突然被儿子推醒了，
只听他兴奋地喊道：
“妈妈，我现在终于明白了什么叫‘爱拼才会赢’！”

儿子迷上拼图是因为有一次去吃麦当劳，点餐的时候他们送了一副很可爱的拼图。

儿子对拼图爱不释手，鲜艳的颜色、精致的图案、巧妙的设计，都让他觉得稀奇。后来带儿子逛商场的时候，发现那里有很多拼插玩具，于是买了几种回来给儿子玩。儿子手很巧又很有耐心，简单一些的拼插——比如拼一辆工程车或者一座房屋——他很快就会搞掂，他会有很多的奇思妙想。

1997年孩子爸爸去英国做访问学者，过圣诞节的时候参加了一个名叫“home-stay program（寄宿家庭计划）”的活动，因此结识了一个英国家庭。这个家庭有两个男孩，大的比儿子大两岁，小的比儿子小两岁。可能是为了更多地了解英国文化，也可能是因为想家想儿子，爸爸和这一家人成了特别要好的朋友，两个家庭也建立起了密切的联系。爸爸回国前，那位英国爸爸给我们儿子送了一套很高级的乐高拼插玩具，爸爸一回到家就把玩具拿给儿子让他拼了起来。那是一辆摩托车，有很多细小的拼块。

爸爸告诉我，在英国的时候，朋友的大儿子坐在地板上拼这套玩具拼了很久都没有拼好，急得哇哇大哭，这回他要看看儿子会是什么表现。只见儿子专心致志三下五除二就很快把摩托车拼好了。爸爸脸上露出得意的笑容，小声跟我说："还是咱们儿子厉害。"

放寒假了，儿子玩的时间多了起来。我又带他去商场，看看有没有新的拼插玩具，结果发现一种儿子很喜欢的有很多小块儿的拼图。那种拼图有100块的、200块的、500块的、还有1000块的。我想让儿子从简单一点的拼起，于是买了一盒100块的。

儿子很快就把100块的拼图拼好了。因为儿子积极性颇高，我于是一下给他跳到500块，结果还是让他轻松就拿下了。

买1000块拼图那天，儿子特别高兴。回到家已经快天黑了，可他一点倦意都没有。吃完晚饭他就坐在地板上拼开了。看着满地板的小拼块，我想这个工程也太大了吧。为了给他加油，当然也为了体验其中的乐趣，我就和他一起拼。拼了一会儿我就发现自己完全摸不清头绪，根本搞不清哪儿跟哪儿，而他却有条不紊地拼出了好一大片。我问他是怎样找到感觉的，他告诉我："你先找到那些有平边的，因为它们是最外面的一圈，把有平边的先拼好，然后再一点一点往里拼，这不就简单了啊！"我试了一下，果然效果不错。拼到十二点，儿子仍然兴致勃勃，我却困得眼皮直打架。平时我是不会允许儿子这么晚不睡的，这天的确被他的认真执着和精彩表现所折服，而且时值假期，第二天不用上学，于是我决定让他破天荒熬了一次夜。不知是为了赶跑我的瞌睡虫，还是他真的发现了新大陆，我突然被儿子推醒了，只听他兴奋地喊道："妈妈，我现在终于明白了什么叫'爱拼才会赢'！"

好一个“爱拼才会赢”！这是一首我们耳熟能详的流行歌曲，很多人甚至都唱过，我们不仅觉得它的旋律好听，而且认为歌词也写得好，听这首歌的时候我们会热血沸腾，唱这首歌的时候我们会激情澎湃，可有多少人真正读懂了这首歌的含义呢？有多少人真正把它落实到了行动呢？儿子也许需要一辈子才能真正听懂“爱拼才会赢”这首歌，也许需要用一生去证明他能把这首歌落实到行动，但年仅八岁的他那天已经能够那么恰如其分地说出心中的感受，我不得不佩服他细致的观察能力和极强的领悟能力，不得不相信他一定会成为一个能拼会赢的人。

寻找小水壶

小水壶本身的价值微不足道，
也许找到一只小水壶也说明不了什么，
但珍惜小水壶的那种意识是很难能可贵的。

儿子从小就很爱惜东西，无论是玩具还是学习用品他都会保管得干干净净、完好无损，对于他心爱的物品他更是爱护有加，不会轻易弄脏或者弄丢。

上小学后，儿子每天不仅要背着小书包，而且还要带着小水壶。虽然有班车接送，但要保管好自己的物品对于一个才几岁的孩子来说不是一件容易的事。接送孩子时我经常会听到家长们的议论，同学当中不是今天有人丢了这个，就是明天有人丢了那个。很长一段时间下来，儿子一直保持着良好纪录，没有出现过丢三落四的现象。

突然有一天，儿子很伤心地告诉我他的小水壶不见了。因为水壶并不贵，而且已经用了很长一段时间了，我觉得儿子的水壶丢得很正常，所以就安慰儿子说“没关系，妈妈再给崽崽买一个。”对于我的安慰儿子没有多说什么，我以为他会很快忘了这件事。

过了很长一段时间，儿子很兴奋地告诉我他把丢掉的小水壶找回来了！虽然已经变得又脏又旧，我还是一眼认出是他原来用过的小水壶。儿子这时早已有了新水壶，那只旧水壶显然也派不上用场了，可儿子还是为找到丢掉的水壶兴奋不已。看到儿子兴奋的样子，我觉得好感动，不仅因为儿子的细心，更为儿子的感情细腻，那只旧水壶在我心中顿时也显得那样珍贵！

我不知道儿子是用什么方法找到小水壶的，也不知道他为什么一直记得那只丢掉的小水壶，但我非常清楚儿子的感觉——他很爱惜自己的东西，能找回丢掉的东西他觉得很有成就感。

我小时候也是个爱惜东西、很少丢东西的人，但老天爷有时就爱开玩笑，让我有一个非常爱丢东西的好朋友。对她来说，不仅钢笔作业本之类的老丢，身上带的钱甚至穿的衣服什么的也经常莫名其妙地不见了。因为老丢东西，我这个好朋友就怀疑自己的智力，在学习上缺乏自信，所以成绩一直不是很好。因为我们是好朋友，我有机会接触到她的家人。她的家庭很和睦，父母为人很和善，姐姐和妹妹对人也很友好，最让我印象深刻的是她妈妈很“大方”：她每天都可以从妈妈那里拿到一毛钱零花钱。那个时候冰棍三分钱一支，甘蔗两分钱一根，有一毛钱是很富有的感觉。虽然她家并不是很富裕，她的零花钱却非常有保障，妈妈再忙心情再不好也会记得给女儿这一毛钱零花钱，朋友每天无论如何也不会忘记跟妈妈要这一毛钱。我的爸爸妈妈平时不给我零花钱，可是由于我在学校成绩好，很受老师同学的喜欢，在家里爸爸妈妈对我疼爱有加，朋友也经常和我分享她的零花钱，所以我对于朋友有零花钱没有觉得有多羡慕，根本不觉得有零花钱就是幸福。相反我觉得朋友的丢三落四、成绩不好跟她有零花钱有很大的关系，因为丢东西的时候朋友也会难受，成绩没考好朋友也很失望，但她的零花钱太有保障让她很快忘了难受的感觉，而家长对她成绩不好的坦然接受也让她早已放弃了努力。我不认为朋友的妈妈给孩子零花钱有什么不对，不认为她要对所有问题负责，但她对孩子的过于慷慨的确可能给孩子带来一些负面作用，孩子会认为妈妈的大方可以让她高枕无忧。妈妈对孩子经常丢东西没有寻找原因，对孩子的学习问题没有及时采取措施，孩子在不知不觉中就形成了习惯，我知道朋友想改变自己，却不知道如何才能改变。

在带孩子的过程中，我经常听到一些家长说自己的孩子有这个问题或者那个问题，却不去观察问题产生的原因，甚至认为孩子天生就是那样，是无法改变的事实，我经常会为这样的家长感到悲哀。我们常说，孩子就像是一张白纸，家长在这张白纸上画出什么样的画就看家长是怎么画的。家长细腻孩子也会变得细腻，家长粗心孩子也会变得粗心，这个道理大部分家长都很明白，但很多家长在教育孩子的过程中往往忽略了这个规律，任孩子自由发展，或者任自己在孩子面前自由发挥，我不知道这些家长有没有想过自己对孩子是否尽到了循循善诱以身作则的责任。

从开始带孩子起，我就格外注意自己的言行举止，因为我相信我的一举一动都在儿子的视线范围，一定会对儿子各种习惯的形成产生很大的影响。比如我一般不在外面给孩子买东西吃，而是平时注意观察孩子的喜好，把他爱吃的东西买回家再给他吃，我的想法是不能给孩子在外面留下有求必应的印象，更不能让孩子认为花钱是件很随意的事，结果孩子从小就知道不能随便花钱，对自己拥有的东西很珍惜。再比如我很少让孩子看见我给自己买衣服，本来我只是觉得自己要带孩子要做家务没有必要穿得那么讲究，后来我看到儿子在一篇作文里说我买衣服总是先想到他和爸爸，根本不考虑自己，我才意识到儿子对我的观察是多么仔细，我对他的影响有多大。儿子后来甚至跟我说："妈妈你要看到喜欢的衣服买就好了，不要老想着把钱留给我。"儿子的话很让我感动，但我想如果我平时花钱大手大脚，孩子一定不会说出这样的话，不会体会到父母的含辛茹苦，不会懂得珍惜我们给他创造的条件，而这种不体会不懂得是很多家长不愿意看到的。

老实说，儿子能用心去寻找并且真正找到丢掉的小水壶，我是感到很骄傲的。也许小水壶本身的价值微不足道，也许找到一只小水壶也说明不了什么，但珍惜小水壶的那种意识是很难能可贵的。我从这件事看到的是孩子将来的自尊、自强、自立，我相信我的孩子绝不会成为一个大手大脚、无所顾忌的人，我相信他一定会做事用心、懂得珍惜。类似儿子找到小水壶这样的故事在很多孩子的成长过程中都可能发生过，但如果家长对发生这样的事不以为然，甚至把孩子辛辛苦苦找回来的水壶毫不可惜地扔掉，孩子会有什么样的感受呢？那只被儿子找回来的小水壶我保存了很长一段时间，每次看到它我都会倍感亲切。现在这只水壶因为时间太久、几次搬家可能已经无处可寻，但它带给我的震撼和思考是永远不会消失的。

免考生

每个孩子都能变得很优秀，
关键是孩子是否有追求优秀的动力与行动，
而孩子的动力与行动来自家长的培养与支持。

儿子幼儿园毕业的时候，我很为他上哪所小学发愁。就近入学吧，班上稍好一点的同学都没有选择附近的学校，觉得那所学校太差；上有名的学校吧，没有关系不说，经济上也不允许。幸好，我有个同事的爱人在北大附小当老师，在她的引荐下，儿子由于是大学老师的孩子被“破格”录取了。

北大附小实行的是快乐教育。一走进学校，我们就能看到冰心老人题写的校训——“专心的学习，快乐的游玩”。由于认同北大附小的教学理念，同学大部分都是北大老师的子女，再加上孩子每天可以坐班车去上学，不用我们辛辛苦苦接送，所以我们很庆幸孩子能上北大附小。

儿子对上北大附小显然也很满意。虽然和上幼儿园相比要辛苦很多，儿子上学的积极性还是很高——每天去的时候精神抖擞，回来的时候兴高采烈。

上学没几天，儿子就告诉我们一个好消息：老师和同学选他当班长了。后来听姥姥说，第一天上学回来儿子就悄悄告诉过姥姥，他知道最厉害的学生胳膊上戴着三道杠，他以后也要戴三道杠。儿子当上班长可能就是俗话所说的“有志者事竟成”吧。

儿子在小学的学习轻松自如，本来在幼儿园打的基础就不错，加上记忆力好，上进心强，从一开始他的成绩就在班上遥遥领先。

儿子有一个突出特点，那就是特别听老师的话。我所说的听话，一方面是指上课的时候认真听讲，不开小差不打瞌睡，所学内容基本上不需要课后辅导，下了课他就会立马把作业写完，一般不会留到晚上再做，更不会忘了写作业；另一方面是指儿子对老师布置的任务会不折不扣地完成，比如说有些作业需要家长配合，他即使自己能独立完成还是会要求我和他一起做。为了树立老师的威信，也为了尊重儿子的学习习惯，我一般都会认真配合，决不敷衍了事。

到了期末复习，儿子告诉我，老师要求家长配合孩子把语文课本里的画线词语从头到尾听写一遍，从第一课到最后一课。我像往常一样认真地接受了任务。我打开书正要念第一个词，儿子突然跟我说：“你等一下，我知道是什么。”接着准确地写下了那个词。后面的词他都一个一个自己先写下来，然后问我对不对。整本书里面的词他不仅都能背出来，而且顺序还不出错！真不知道他是如何做到的。

考试那天回来，我问儿子考得怎样，他说他根本没有考试，老师让他坐在隔壁教室看电视呢。我问他为什么，他说学校规定平时考试成绩每次都达到98分以上的学生可以免考。他们班有两个同学达标了，他是其中一个。

后来我从老师那里了解到，北大附小低年级实行免考政策，只要符合要求就可以免考，儿子平时成绩相当好，所以就不用考试了。

在后来的学习中，儿子一直保持着良好的状态，连续几年都是免考生。他们班一共有二名免考生，和他同时免考的也是位男生。有一天我见到了那位同学的妈妈，我们自然聊起了各自的孩子和家庭，原来这位母亲已经是癌症晚期，她怕自己的孩子将来无人照料，遭更大的罪，所以在孩子很小的时候就开始对他进行极其“残酷”的训练：让孩子自己做饭吃，自己洗衣服，自己赶班车，自己回家，一切靠自己！妈妈虽然很心疼，经常躲在被子里哭，但还是狠着心不去帮孩子，时间一长孩子真的被锻炼出来了，学习成绩好对他来说是理所当然的事，因为他比同龄孩子要成熟能干许多，家长根本不需要逼着他学或者帮着他学。听完这对母子的故事，我更加坚定了一个信念：每个孩子都能变得很优秀，关键是孩子是否有追求优秀的动力与行动，而孩子的动力与行动来自家长的培养与支持。

“我的腿折了”

经验告诉我：
孩子出问题不一定真有问题，
家长的胆大心细沉着冷静往往能使问题迎刃而解。

像大多数孩子一样，儿子从小喜欢骑车。

最早骑的是四轮车，车的后轮带有两个小轮起平衡作用，儿子在二岁时就能熟练地骑这种车。会骑没多久，儿子就要求把小轮撤掉。我想只要我小心看着，应该没太大问题，所以很爽快地把小轮卸掉了。儿子三岁时已经可以骑着两轮车满屋子跑了。

来北京不久，朋友送了一辆大一点的车。儿子非常喜欢，于是要求我们带他到学校操场上骑。因为比原来的车大了许多，儿子个子还太小，骑在新车上感觉有些不适应。爸爸扶着他上了车，我在后面使劲喊：“别紧张，把身子坐直了！”儿子调了调坐姿，一溜烟冲了出去，可是没跑多远就摔下来了，在旁边观看的我们只听儿子叫道：“我的腿折了！我的腿折了！”

爸爸赶紧跑过去，抱起儿子，一副心疼的样子。我也很紧张，但我更想知道儿子到底摔得有多严重，于是灵机一动问儿子：“儿子能再试一次吗？”儿子擦了擦眼泪，立马答应说：“能！”真的又骑上车了。孩子不会说谎，如果腿真的摔折了，真感觉到疼的话，是上不了车的。现在他不仅能上去，而且还骑得好好的，说明他的腿并没折，很可能只是被吓着了。

孩子爸爸很吃惊地看着我们母子俩，他没想到我会那样沉着冷静，更没想到儿子真的一点事也没有。儿子那天总共只摔了那一次，很快就骑得轻松自如了。第一次在外面骑车，而且是第一次骑那么大的车，儿子骑得很开心。

其实我的冷静是锻炼出来的。我平时观察到，孩子会经常出现一些问题，比如说咳嗽、发烧、拉肚子之类的。遇到这种情况，大部分家长都是手忙脚乱，不管三七二十一赶快送孩子上医院，久而久之，给孩子打针吃药就成了家常便饭。我经常看到一些孩子上医院打针输液，我就想：孩子的病真有那么严重吗？一定要打那么多针吃那么多药吗？如果一定要打针吃药，能不能想办法让孩子少生病呢？我自己就很害怕打针，因为身体没出过什么大毛病，小病小痛我一般都自己想办法扛过去，几乎没有打针吃药的经历，所以就连给孩子打预防针我都心疼，我一定得把脸转过去，听到孩子哭我会特别难受。为了避免给孩子打针吃药，从一开始带孩子我就明确了三个原则：一是尽可能不让孩子生病；二是尽可能不让孩子上医院；三是遇到问题不能盲目下结论。

如何让孩子不生病呢？俗话说，没有做不到，只有想不到。因为我的目标明确，我会在生活中注意好点点滴滴。比如说，我平时不会给孩子穿太多衣服，尽量让他冻着点，如果出现流鼻涕打喷嚏的情况，我再适当加一点衣服，一旦恢复正常我会记住什么气温该穿多少衣服，决不把孩子捂得过严。冬天给孩子洗澡的时候，尽管南方没有暖气，大人洗澡都会觉得冷，我决不给儿子生火，不把衣服烤热了再给他穿，我要锻炼他的抵抗能力。儿子吃好饭睡好觉是我的主要任务，饭菜不对胃口我就变换花样，睡眠不够充足我就想办法弥补，决不让一时的小问题变成日后的大麻烦。功夫不负有心人，儿子一直很少生病，从来没有因为生病缺过一次课，同学生病也不必紧张兮兮怕传染，我认识的孩子当中能做到这一点的非常少见。

儿子的确有过一次上医院的经历。那是孩子爸爸在英国做访问学者的时候，我把儿子穿了很久的羽绒服脱下来洗了，没想到新换上的小棉袄有点薄，结果让他的胃着凉了。看到他又吐又泻，吐的水成了黄色，我知道这次问题比较严重，赶快打车送他到了医院。下车的时候他虚脱得连走路都走不稳了，医生建议留观，第一次给他挂上了吊瓶。奇怪的是，儿子的第一瓶水才吊到一半，就恢复了活蹦乱跳，我见状赶快求医生放我们回家了。儿子回到家时已经完全好了，真是快得难以置信。儿子的这次生病经历让我更加相信，防患于未然是多么重要，如果儿子以前就经常打吊瓶，这次情况这么严重肯定不会轻易好转。留观室的其他孩子有的已经打了好几天吊瓶，看上去依然是病恹恹的。儿子因为从没打过吊瓶，打一瓶就立竿见影。这就像往银行存钱一样，如果你一直往里存，要用钱时你只需取一小部分就够用，完了你还会有很多储备；如果你平时不往里存，还经常往外取，要用钱时你就可能没钱可取，甚至出现透支。

儿子对这些经历当然也有深刻印象，他知道妈妈说话做事会有分寸，他相信有妈妈在就不用害怕。所以在我建议他再试一下的时候，他会放心大胆去尝试，结果很快就会真相大白。经验告诉我：孩子出问题不一定真有问题，家长的胆大心细沉着冷静往往能使问题迎刃而解。

疯狂的假期

我很感谢那个既带给我们快乐又带给我们考验的疯狂假期，
更感谢那些既让我们更加了解儿子、
又让我们更加了解自己的寒假作业。

儿子上小学二年级那年，爷爷奶奶第一次从湖南来北京过年。

来北京四年了，我们一直忙忙碌碌，加上儿子每天都得弹钢琴，几乎从没出去玩过。在湘潭大学的时候，学校每周都会放一到两次电影，儿子印象里看电影是理所当然的，所以有一天他突然问我们："北京没有电影吗？"我们这才意识到，该带孩子出去玩玩了。那时海淀剧院正好在火热放映美国大片《狮子王》，虽然票价大大超出了我们的想象，我们还是咬牙带着儿子进了电影院，看了来北京之后的第一场电影。

爷爷奶奶的到来制造了更多的出去游玩的机会，这让儿子十分高兴。我们不仅去了离家很近的颐和园、香山，还去了远一点的世界公园、八达岭长城等著名景点。走出家门，走进大自然，儿子似乎更多地呈现出了孩子的天性，变得更加活泼顽皮起来。他看上去瘦瘦小小，身体素质却很好，爬长城能一口气爬到最高点，一点也不吃力。看到他玩得那么开心，那段时间我们就尽可能多安排户外活动，一大家人玩得特别高兴。

爷爷奶奶住了十多天走了，儿子也快开学了。前面十几天光顾着玩，作业啥的都搁在了一边。这时我们提醒儿子赶快写寒假作业，不然就来不及了。不知是因为玩得太累了，还是因为把心玩野了，再或是爱玩是每个孩子的天性，反正一向自觉写作业的儿子就是静不下心来，似乎把写作业的事忘得一干二净。到了开学的前一天晚上，儿子开始写作业了。小学二年级的假期作业，如果每天写一点，算不得太多，但如果一天写完，挑战还是很大的。儿子吃完晚饭就开始写，虽然他写得很快，写到11点还是没写完。我们说，实在写不完就别写了，我们到时去跟老师解释，让老师原谅我们一回。儿子说那不行，还是接着往下写。我们见一计不成又生一计，劝他第二天早点起来写，儿子还是不答应。无奈之下，我们只好继续让他写，快到十二点了，只见他困得眼睛睁不开手拿不住笔，小脑袋直往桌子上磕。即使到了这种地步，他还是不肯睡觉，还是硬挺着把作业写完了。

那天晚上的情景我们永远也忘不了：那么小一个孩子，不愿意让老师看到他没有写完寒假作业，不甘愿毁了他好学生的形象，一定要把作业写完，我们在旁边替儿子着急，却又不能替他写，真可以用火烧眉毛、爱莫能助来形容。然而，坏事把握得好也可以变成好事。从那以后，儿子再也没有出现过对假期作业掉以轻心的现象，只要他有一点松懈的苗头，我们就会跟他开玩笑说："你还想跟那个寒假一样吗？"他立马心领神会写作业去了，还顽皮地跟我们做个鬼脸。那次教训就像是灵丹妙药，用起来效果奇好。原来错误也能产生好的结果。作为家长，我们也更多地了解了孩子的心理和个性，我们知道了儿子是多么要强，多么能吃苦，同时了解到了好孩子也会开小差，也会有松懈和迷失的时候，从而更加明白了理解孩子和巧妙地帮助孩子是多么重要！如果在孩子想玩的时候硬逼着他写作业，作业也许是完成了，但时间一长，孩子自然就会讨厌学习。家长要学会见机行事，让孩子感觉贪玩不是不可以，做作业也是应该的。孩子的学习出现危机，家长应该多一些理解和支持，同时不要表现得那么惊慌失措，让孩子觉得家长对他是信任和放心的，危机也许就变成了转机。说实话，我很感谢那个既带给我们快乐又带给我们考验的疯狂假期，更感谢那些既让我们更加了解儿子又让我们更加了解自己的寒假作业。

幸亏我是男孩

做父母的决不会因为孩子的性别而改变对孩子的爱。
在我看来，儿子给我带来的安慰并不是因为他是个男孩，
而是因为他确实是个好孩子。

对于到底生男孩好还是生女孩好，很多人是很纠结的。因为我们这一代人大都只生一个孩子，往往是生了男孩想女孩，生了女孩想男孩，独生子女政策给我们留下了许多想象的空间。

坦率地说，我就是一个典型的很纠结、爱想象的人。“女儿是父母的小棉袄，”讲究实惠的人说得直白；“女儿是招商银行，儿子是建设银行，”面对现实的人讲得幽默。也许是我很享受做女人的感觉，也可能是我的父母很为有我这个女儿骄傲，怀孕的时候我内心深处更希望能够生个女儿。

随着儿子的到来，我只好接受了现实，因为比起儿子好还是女儿好，孩子是否健康显然更重要。只要孩子正常，生男生女父母都会很喜欢，我想大部分家长的感觉和我是一样的。

可是慢慢地，我发现生儿子和生女儿确实有着明显的差别，我对生女儿的向往还是会时不时地冒出来。首先从长相来讲，儿子出生时的样子实在让我兴奋不起来——小手小得像鸡爪子，额头上的皱纹多得像个小老头，脑袋上一根头发也没有，眼睛本来

就不大，有一只还老不睁开，好像故意在气我们：“我就长成这样，你们看着办吧！”再看看别人家的小男孩，普遍也长得不如女孩好看，生男孩在我心中的印象就这样被打了折扣。最可气的是，一进商场我就会看到女孩子的服装又多又漂亮，男孩子的衣服又少又难看，那种没生女儿的遗憾就会更加强烈。后来我无意听到有人说“男儿无丑相”，心里才有些释然。男孩长得不好看没关系，有才华有气质一样招人喜欢，我于是开始盼望儿子将来有才华有气质。

带孩子没过多久，我就发现男孩似乎没有女孩好养。虽然儿子在我的精心照料下很少感冒发烧进医院，但大概从半岁起他就一直瘦瘦弱弱，一会儿肠胃有问题，一会儿皮肤有问题，离我希望的强壮结实差得老远。俗话说，屋漏偏逢连夜雨，就在我为儿子的状况愁得不行的时候，有个朋友的女儿还时不时来刺激我一下。朋友的女儿和我儿子的出生时间相差不到一个星期，从几个月大开始，她不仅个子比我儿子大，体重比我儿子重，脸色也好看得多，完全就是我们常说的“茁壮成长”，这让我进一步对生儿子产生了怀疑。令我稍感欣慰的是，朋友家的老人特别善解人意，安慰我说男孩子小的时候的确难带一些，等大一点情况就会好的，我只好耐心等待儿子好转的那一天。

最受打击的是，男孩发育比女孩晚。在幼儿园，我常常发现同龄孩子中女孩表现得更成熟，小男孩往往会乖乖地听从小女孩指挥，而小女孩更擅长照顾其他孩子。在我的记忆中，儿子上幼儿园的时候最要好的朋友多半是女孩，通过观察，我发现那些女孩大都是班里出类拔萃的孩子，儿子很难找到比他更优秀的男孩，只好与她们成为好朋友。直到上小学，这种男孩跟女孩的差别还十分明显，儿子要好的伙伴还是女孩子居多，我曾一度怀疑儿子是不是不招男孩子喜欢。让我欣喜的是，从上中学起，儿子的朋友圈里男孩终于逐渐多了起来，虽然他还是有不少要好的女同学，但朋友里明显男孩居多，我终于不用怀疑儿子的阳刚之气了。

最让人无奈的问题是，男孩似乎没有女孩"听话"。虽然男孩比女孩发育晚，却从小就会显得更加独立，因为男孩一般不会轻易相信家长说的话，而女孩在父母面前更容易言听计从。就拿我儿子来说，虽然他从小显得很乖，但实际上个性十足，跟他说话或者做事一定得想办法"搞定他"，不然很难让他服服帖帖，有时甚至会被他"耍"得团团转。比如在弹钢琴这件事上，儿子喜欢的时候还能顺着我的思路走，他不喜欢的时候就真拿他没办法，他会有无数的高招打得我只好认输，他最厉害的招数是我让他练琴，他就说要写作业，而且他还会用很漂亮的成绩单让我哑口无言。我认识好多女孩学钢琴都不需要那么多我和我儿子之间的"斗智斗勇"，我认为这是因为女孩更能体会父母的良苦用心，男孩的自我意识更强。我知道儿子从一开始就不那么好控制，我只能想方设法巧妙地发挥我的作用，说实话，很长一段时间里，我甚至很为自己"使不上劲"而苦恼。可是，谁叫我生的是男孩呢?

公平地说，女孩有女孩的可爱，男孩有男孩的魅力。随着儿子越来越大越来越懂事，我慢慢明白我对女孩的幻想其实是辛苦养育孩子的一种自然反应，如果我生的是女孩，我肯定也会想象男孩的诸多优点。调整好心态之后，我发现我对儿子的欣赏慢慢多了起来，我逐渐意识到只要和孩子真正建立起感情，孩子就会成为父母的掌上明珠，做父母的决不会因为孩子的性别而改变对孩子的爱。

在我看来，儿子给我带来的安慰并不是因为他是个男孩，而是因为他确实是个好孩子。但从儿子的角度来讲，他从小就很为自己是个男孩感到骄傲，而且一直在努力做一个真正的男子汉，从他曾经两次对我说“幸亏我是男孩”，我就强烈地感受到了这一点。

第一次是在儿子十岁的时候。那天我正在擦地板，看到我汗流浃背很辛苦的样子，儿子可能因为很少见到爸爸擦地板，于是似懂非懂地“安慰”我说：“妈妈，幸亏我是男孩，不然我以后就要天天擦地板了！”虽然儿子对我和爸爸在家中扮演的角色不一定有正确的理解，但他至少注意到了男女分工的不同，至少在想妈妈为什么要擦地板，在想他长大了应该干什么，而这比看到妈妈干活却什么反应也没有肯定要强得多。为了让儿子正确理解妈妈擦地板这件事，我跟他解释说：“男人不一定就不擦地板，擦地板不一定就是女人的事，爸爸在外面工作很忙，妈妈就多擦地板支持爸爸的工作咯。”“那我就好好学习，以后也要在外面好好工作！”儿子坚定地说。儿子说到做到，从那天起，他的学习一天比一天好，从来不需要我督促和监管，遇到挫折和失败自己也能迅速调整。我佩服儿子的悟性，我相信儿子在看到我擦地板的那一刻已经成功实现了他的角色定位。

儿子第二次表现出男子汉气概是在上初中的时候。那天北京下着罕见的大暴雨，从小就十分害怕闪电雷鸣的我显得十分紧张，不仅不敢打开电视，就连在房间里走动一下都不敢，加上被困在家里什么也做不了，我的心情糟糕到了极点，而此时此刻爸爸又不在家，一种孤独绝望的感觉油然而生。在家学习的儿子似乎感觉到了什么，他很体贴地走到我身边，分明是想分散我的注意力，给我一些安慰。为了活跃气氛，儿子调皮地对我说：“妈妈，别害怕，有我呢！幸亏我是男孩，是吧？”是啊，儿子的存在就是上天给我的护身符，有儿子在我有什么好害怕的呢？有这么懂事的儿子我有什么不开心的呢？儿子的幽默让我一下轻松了许多，糟糕的天气带来的沮丧消失了，在家坚守大后方的委屈不见了。那一刻，我真正感觉到了儿子身上散发出的力量，第一次感觉到有儿子真的是很美妙！

计算机比赛

我想每个孩子其实都会尽最大的努力给父母制造惊喜，
只是家长要对孩子有足够的信心，
相信他们有这样的愿望，相信他们有这样的能力。

北大附小每年都会参加一项很重要的全国性比赛——“六一”国际儿童节计算机表演赛。这是北大附小的传统优势项目，作为数学尖子生，儿子从一年级开始一直到四年级都是参赛选手。

儿子第一次参加比赛那年，北大附小像往年一样取得了很好的成绩，拿到了包括冠军在内的多个奖项。据说那个拿冠军的选手在幼儿园时就参加过这个比赛，而且他父母都是搞计算机的。我们家那时还没有电脑，儿子之前也没有接触过计算机，所以第一次连纪念奖都没拿到。

第二次参加比赛，儿子依然什么奖也没拿到。我对这个比赛不是很了解，而孩子那时又那么小，所以对他的参赛我只当是一种经历和锻炼，完全没把比赛和结果当回事。儿子也没有跟我过多提起这件事。

到了三年级，儿子突然有一天告诉我，他的初赛成绩是第一名，过几天就要去少年宫参加决赛。去决赛的那天，我照例把儿子送到学校，我以为没我什么事了，正要往回走，没想到带队老师说，家长如果愿意，可以一起去，我很高兴地就跟着去了。

决赛很快就开始了。因为比赛教室是透明的玻璃墙，我和其他家长以及老师可以在教室外面看得清清楚楚。第一轮比赛结束，儿子排在第二，第一名是史家胡同小学的一名选手。比赛前儿子和带队老师都希望他能拿第一，儿子可能有些压力。第二轮结果出来，儿子还是第二。带队老师说胡宸可能太紧张了，让我趁休息的时候跟儿子做做工作，叫他放松点。我想既然是紧张的原因，换一下座位避免别人的干扰也许会好一些，于是建议儿子选一个角落坐下来。第三轮比赛开始，儿子还真按照我的建议选了靠门的一角，可万万没想到的是，比赛才开始一会儿，一大帮记者就扛着摄像机过来了。见到儿子的手指在电脑键盘上像弹钢琴一样飞舞，不仅节奏非常之快，而且姿势还那么优美，于是围着儿子一阵狂拍。老师在外面很着急地对我说："完啦完啦，胡宸肯定会受影响！这下肯定完蛋了！"我也提心吊胆地等着比赛结束，不知道那帮记者会造成什么样的后果。到最后，透过玻璃，我看见儿子向我们做了一个胜利的手势。我知道儿子胜出了！

儿子那天的表现真可以用完美来形容。不仅记者们被他吸引了，外面的家长们也被他征服了，都在说这孩子实在太棒了。儿子出来后，我问他记者的出现有没有影响到他，他说一点都没有，"我还觉得他们帮了我呢！"儿子平时斯文而不张扬，给人的感觉可能有点胆小，没想到他其实是个心理素质不错而且爆发力极强的人。

儿子这一年为什么会突然取得这样的好成绩呢？带着这个疑问，我去问了学校老师。老师告诉我，这学期班上改选，为了给更多人机会，老师和同学们选了另外一个同学当班长，胡宸可能觉得是自己不够优秀才没有继续当班长的，所以不论是学习上还是比赛这件事上，他都比以前更加用功。下了课别的孩子出去玩儿，他却一个人去了计算机房；别人练累了就休息，他却一直在那儿练。他的做题速度已经练到几乎不用思考就能直接给出答案来，数学计算题是这样，算中文字的笔画也是这样，他拿第一是硬练出来的，决不是天上掉下的大馅饼。听完老师的介绍，我已经是热泪盈眶了。儿子不但没有把他遭受的“挫折”告诉我，而且他是如何“吃苦”的也没跟我说。我想他不是对我不信任，而是他相信自己能够面对一切。作为母亲，我既心疼又骄傲，我知道儿子一直乖巧懂事，却不知道他能乖巧懂事成这样。我想每个孩子其实都会尽最大的努力给父母制造惊喜，只是家长要对孩子有足够的信心，相信他们有这样的愿望，相信他们有这样的能力。

儿子四年级最后一次参加计算机比赛，成绩依然是第一名。

人民大会堂领奖

我想这不是因为他天生比别人聪明，
而是因为北大附小快乐教育的办学理念给了他足够的发挥空间，
让他从小就有了德、智、体全面发展的机会。

儿子获得“六一”国际儿童节计算机表演赛冠军之后，颁奖活动次数之多和规格之高大大超出了我们的想象。

第一次颁奖活动是组委会组织的，因为是代表学校参赛，得奖选手由学校带队老师领着参加颁奖活动，家长们没有参加。

儿子领回一张证书和一大堆奖品，说是过几天还要去中央电视台参加一台晚会，到时还要再颁一次奖。

去中央电视台的时候，家长们受到了邀请，因为孩子们要进行几次彩排，家长们可以帮着打打招呼。晚会由央视著名主持人张泽群和当时蹿红的“小燕子”赵薇主持。虽然要提前很早到，而且等待的时间也特别长，孩子们还是很高兴参加这个活动。最有意思的是，孩子们都想亲眼见到赵薇，很多孩子还想要到赵薇的亲笔签名，可赵薇左等不来，右等不来，孩子们都急坏了。后来不知是谁散布了一条消息，说赵薇的出场费要四十万，可能来不了了，儿子听了十分失望地说：“妈妈，我不喜欢赵薇了！”可能在儿子心里，他崇拜的人应该跟金钱没有任何关系。

最后赵薇还是如约而至，孩子们还是很激动。整台晚会气氛非常热烈，孩子们在演出中间上台领奖，家长们的情绪一下达到了高潮。儿子第一次经历这种大场面，兴奋得满脸通红。

当天的电视新闻播放了孩子们的领奖镜头。

过了没有多久，儿子又告诉我，他们还要去人民大会堂再领一次奖，而且家长这次也可以参加。我当时就告诉儿子，妈妈一定参加。虽然我和孩子爸爸也得过许多奖，但还没到人民大会堂领过奖，儿子这么小就获得了这样的机会，我无论如何是要参加的。到了颁奖那天，我还叫上了一位朋友，我想让她给我们拍点照片留作纪念。

儿子的奖杯由时任中央政治局委员、中国社会科学院院长及党组书记的李铁映颁发，老师们觉得非常光荣，家长也觉得非常自豪。说实话，我当时的心情无比激动，不光是因为儿子获得了这么高的荣誉，同时还因为儿子没有辜负老师们的培养和教育。儿子那时可能还不完全明白他那次得奖意味着什么，但有一点他肯定是明白了，那就是他一定要继续努力，而只要努力就会成功。

儿子在参赛、获奖、领奖整个过程中，学习成绩一点没受影响，相反，准备比赛和参加比赛还极大地提高了他的学习积极性和学习能力，因为成绩不好他不可能获得参赛机会，而比赛成绩好更加激发了他的学习热情。作为家长，我也认识到孩子不光要学习成绩好，还要德智体全面发展。从表面上看，多参加课外活动会占用孩子的学习时间、增加孩子的负担，但实际上也是在锻炼孩子的动手能力、竞争能力，同时开阔孩子的视野、培养孩子的兴趣。由于在比赛中脱颖而出，儿子对自己多了一份自信，因此学习上更能开动脑筋，成绩自然就更加有了保障。事实上，儿子不仅学习成绩好，其他方面的发展也一直不错，比如说文艺、体育，比如说与人交往的能力。我想这不是因为他天生比别人聪明，而是因为北大附小快乐教育的办学理念给了他足够的发挥空间，让他从小就有了德、智、体全面发展的机会。我们真的很感谢北大附小和所有教过胡宸的老师！

学游泳

我们学会的不仅仅是游泳，不是吗？

2000年悉尼奥运会刚结束，儿子就严肃地对我说："妈妈，我要学游泳！""为什么呀？"面对儿子的"心血来潮"，我有些不解。"中国跳水队拿了那么多金牌，我连游泳都不会，太丢人了！"看到儿子认真而热切的样子，我实在不忍心拒绝他的请求，也不想让他感到失望，于是我强作镇静地说："咱们就去学游泳！"

话一出口我就开始犯愁了。原来在洞庭湖边长大的我也一直想学游泳，却迟迟实现不了这个梦想。小时候看到哥哥和周围的男孩子像鱼一样在水里自由地游来游去，我不知道有多羡慕，可作为女孩子我不仅胆小而且不好意思下水，只好把这个遗憾埋在心底。长大之后，我回到城里生活，那里有一条长江支流叫澧水河，一到夏天，人们几乎每天傍晚都会去河里洗冷水澡，会游泳的人不仅可以到河中间享受更干净的河水，而且还能在河里展示各种泳姿，我学游泳的愿望再一次被激起。终于有一天，我跟着一个要好的朋友，挑了一个人少的时间，到河里准备偷偷学一学。朋友虽然自己会一点，但要照顾我这个"秤砣"，并没有多大的把握，结果刚到水深一点的地方我就直接往下沉，急忙游过来救我的朋友也被拽着往下沉……幸亏有个人从船上看到了当时的情景，“扑通”一下跳到水里把我们俩人救了起来。“不要命了？”救我们的人显然被我们气坏了。从那以后我就再也不敢想学游泳的事了，如今儿子哪壶不开提哪壶，我能不犯愁吗？

没想到，那天晚上我做了个梦，我不仅能在水里游起来，而且还游得很轻松。第二天我特别果断地对儿子说：“咱们今天就去学游泳！”于是我带着儿子去了翠宫饭店——那里有不错的游泳池。下到泳池我跟儿子说：“咱俩比一比，看谁先学会！”听到号令，儿子情绪立马高涨起来。不知是因为年龄小学得快，还是因为儿子的确聪明，他很快就开始在水里狗刨了。为了不在儿子面前太丢面子，我努力回忆梦里游动的感觉，居然很快也能扑腾起来了！我清楚地记得第一天我俩都学会了脚离地游动三四下，那天游泳回来，我俩甭提有多高兴了。

接下来的一段时间，我和儿子理所当然成了游泳池里的常客。我们不仅互相鼓励、互相切磋、互相挑战，我们还经常邀上一些会游泳的朋友对我们进行陪练和指导。不到一个月，我俩已经游得有模有样了。虽然儿子的技巧和速度明显比我强很多，但能圆一个我自己儿时就有的梦，我还是颇为自己感到骄傲和自豪。

其实，最让我骄傲和自豪的是，儿子人小志气大，没有他的决心，我不可能被感染，没有他的推动，我不可能超水平发挥。母爱力量无边，如果不是因为爱儿子，我不可能直面挑战，不是因为爱到深处，我不可能冒那么大的“风险”。也许学游泳的想法并不稀奇，也许学会游泳本身也并不复杂，但背后有这样的推动力，而学习过程又是这样的神奇，我和儿子都收获了很多很多。我们学会的不仅仅是游泳，不是吗？

“幸亏还有我”

儿子的存在给了我很好的补偿，
在儿子身上花费时间和精力让我感觉充实而幸福。

儿子十八岁以前，我跟他几乎是寸步不离，除了上学时间，我俩总是在一起。

每天放学回来，儿子进家门后第一句话肯定是问“妈妈呢？”而我虽然早已听惯了这句话，每天也肯定会等着儿子这句话，等着在儿子进家门的时候见到他，几乎没有一天例外。后来儿子出国前，姥姥跟我们开玩笑说：“儿子出了国，儿子见不到妈妈，妈妈也见不到儿子了，那怎么办呀？”

我们的这种黏乎劲似乎是与生俱来的。儿子出生时，爷爷奶奶还没有退休，姥姥姥爷家里还有孙子要照顾，爸爸又要忙事业，照顾孩子的任务自然落到了我头上。也许是孤立无援增加了我的责任心，也许是我觉得当母亲的感觉还不错，我竟享受起一个人带孩子的乐趣来。无论是带儿子出去玩，还是在家陪他练琴学习，我都乐此不疲。儿子一天一个样，由咿呀学语到能说会道，由蹒跚学步到健步如飞，我觉得生命真的是非常神奇，觉得养育孩子真的是很有意思的一件事。我认真琢磨过，尽管我也很享受当老师的感觉，虽然我也喜欢著书立说带来的快乐，并且在三十二岁时就当上了副教授，但最让我享受的还是当一名称职的母亲。

儿子有很多故事让我觉得好笑又好玩。有一天，我对刚刚睡醒的儿子说："你睡得真香！""我怎么没闻见？"儿子认真地问。还有一次，我喊了他几次他都没有答应，于是我就跟他开玩笑说："宝宝没有长耳朵。"他摸着自己的耳朵说："宝宝有耳朵呢。"诸如此类充满童趣的故事至今回想起来依然让我觉得温馨而美好。

儿子还有很多故事让我感动而骄傲。有一天晚上，我在看电视，儿子聚精会神在一边玩，我以为他在玩玩具，等我看完节目走过去一看，他在那里剥葵花籽呢！他把20多颗剥好的葵花籽放在一个小碗里，说是剥给妈妈吃的。看到他用还不太利索的小手为我把葵花籽剥好，我不仅惊讶于他的一片心意，而且惊讶于他的毅力——整个晚上一直在做剥葵花籽的事。还有一个夏天，我们汗流浃背地从外面回来，儿子一进家门就对我说："我们家就是不同凡响！"我不知道他是在赞美我们舒服的家还是在告诉我跟妈妈在一起真的很幸福，反正他的那个"不同凡响"把我吓了一跳。看上去还那么小的孩子居然能说出那样的成语，有那么丰富的情感，跟这样的孩子在一起能不觉得开心吗？

说实话，我会经常为儿子不经意间说的一句话或者做的一件事感动。由于常被感动，我会更加从心底里爱这个孩子。说我们俩像朋友可能还不一定准确，他爸爸就曾开玩笑说："你们俩一个有恋母情结，一个有恋子情结。"事实上还真有这么回事。

那天爸爸照例在外面上课，我把儿子从学校接出来，看到他有点饿了，我就带他直接去了一家饭馆。我给儿子点了他爱吃的菜，吃着吃着，儿子提醒我说："你有没有注意到，今天来吃饭的都是一对儿一对儿的。""是吗？"我四周看了看，还真的是。"今天是2月14号，情人节，你不知道吗？""哦。"我恍然大悟。"你惨了吧？不过你幸亏还有我！"儿子得意地说。是啊，在儿子心目中，对于那个一直陪伴他照顾他帮助他鼓励他甚至把他看得比自己更重要的母亲，儿子不就是她最好的情人吗？儿子的那句"幸亏还有我"，当时让我觉得特别温暖，眼泪差点没掉下来。为了老公的事业，我肯定也有寂寞和失落的时候，从某种意义上来说，儿子的存在给了我很好的补偿，在儿子身上花费时间和精力让我感觉充实而幸福。

当初那个小情人现在已经飘洋过海展翅高飞，但我相信他对母亲的那份依恋是永远无法割断的，母亲对这个小情人的爱也永远不会停止和改变。

第一次出国

去了一趟韩国，儿子居然学会了砍价，
还明白了学英语的重要性，这太出乎我的意料了！

儿子第一次出国是在小学四年级的时候，是文化部书画协会组织的赴韩国文化交流。

北大附小历来重视硬笔书法，每年都会派学生参加硬笔书法比赛并且取得好成绩。儿子从上小学起就一直是书法班的学员，印象中儿子从一开始写字就有板有眼，看他写作业就知道他的书法是经过专门训练的。我自己也非常喜欢书法，看到别人字写得漂亮总是心生羡慕，但遗憾的是没人指点，自己又不知道怎么练，所以没能写一手好字一直是我的一个遗憾。知道北大附小提供练书法的机会，我很是为儿子感到高兴。

儿子三年级时参加了比赛，有一天拿了一张二等奖的奖状回来。奖状显得很普通，但老师说可以凭它参加文化部书画协会组织的赴韩国文化交流。儿子问我要不要参加，考虑到儿子年龄太小，怕他离开父母会害怕，我就想听听他的意见。儿子想了想说："我还是想去。"既然儿子想去，我也就没反对。儿子的第一次出国就这样定了下来。

送儿子到机场时，我仍然有些忐忑。我给他准备了一个大背包和一个小腰包，从正面看，小腰包显得他像个大人，从背面看，大背包显得他更加矮小。看着他从视线中消失，我心里有种说不出的滋味，不知道这次让他出国到底是对还是错。

我在等待和不安中度过了漫长的五天。在那五天时间里，我一直在想：儿子是不是能吃好？晚上能不能睡好？会不会不小心感冒了？老师照看那么多孩子能照顾过来吗？儿子会不会想家？会不会想爸爸妈妈？最重要的是，儿子会不会觉得这个交流活动很无聊？自从儿子出生以来，我第一次感到寝食难安。

五天过后，儿子终于回来了！而且是平平安安地回来了！从儿子的精神状态可以判断，他们的韩国之行颇有收获。

一回到家，儿子就迫不及待地拿出他给我们带来的礼物。那是一对颜色非常鲜艳的小人儿，穿着朝鲜民族服装，做工非常精致。儿子说一个代表爸爸，一个代表妈妈，我们一看就知道是儿子为爸爸妈妈精心挑选的！儿子还买了一个做塑封的小工艺品，小巧玲珑，十分可爱，儿子说是送给妈妈的，因为家里的生活大事由妈妈管。除了惊讶于儿子的用心之外，我还好奇他是怎么买到这些东西的，因为这不光涉及价格问题，而且还涉及语言问题。“我跟他们用英语交流，实在不会表达的时候我就跟他们按计算器，跟韩国人砍价可有意思了！”儿子告诉我，“而且我现在知道学好英语有多重要了！”

哈哈，去了一趟韩国，儿子居然学会了砍价，还明白了学英语的重要性，这太出乎我的意料了！儿子平时倒是经常跟我一起逛菜市场超市什么的，对买东西砍价也算是耳濡目染，但自己花钱买东西却还从来没有经历过。这次在韩国遇到了机会，既能体会花钱买东西的感觉，又能带给爸爸妈妈惊喜，他当然会觉得很兴奋。

再来说说讲英语这件事，儿子虽然考试都能拿高分，但平时要他说英语是绝对不干的。即便我和孩子爸爸都是英语老师，也很难让他对英语有格外的偏好。相反有段时间里他表现出一种逆反，故意对英语避而不谈，好像那是一个禁区，我们也只好尊重他的感觉。而在异国他乡，儿子不但开口说英语了，还提高了对英语的认识，真是让我们喜出望外！

我们还问了儿子对韩国及这次交流的印象，儿子的回答颇耐人寻味，因为他主要看到了自己国家和外国的差距，他自己和别人的差距，比如他跟我们说韩国很干净，汽车很高级，很多同学的毛笔字写得巨好（他没有练过毛笔字）等等。我觉得儿子第一次出国既开阔了眼界，又得到了锻炼，这对他的学习和未来的发展都产生了好的影响。

随着我国经济条件的好转和国际交流的增多，很多学校——尤其北京的学校——都会组织各种交流活动，如果活动本身值得参加，孩子也有很好的准备，家长完全应该支持孩子参加；如果活动名不副实甚至是招摇撞骗，或者活动虽好孩子却不愿意参加，家长就没有必要勉强孩子，更没有必要为了面子盲目跟风。毕竟孩子出去交流的目的主要还是学习知识和增长见识，一无所获的出国交流只能是既浪费时间又浪费金钱。

五块零花钱

儿子没有养成挥霍、享受、攀比、颓废等这些常见的现代病，
他自己都觉得不可思议，回想起妈妈的“五块零花钱”，
他终于明白妈妈“抠门”和“大方”其实是用心良苦。

说到零花钱，我认为这是每个家长都会面临的问题。孩子多大开始给零花钱？给多少钱合适？怎样控制孩子的开销？如何培养孩子对金钱的认识？有责任心的家长肯定会思考这些问题。

我小的时候因为家里不富裕，而且那时候大环境也不怎么好，我从来都没有奢望过父母给零花钱，偶尔看到别人有零花钱心里也并不怎么羡慕。在我的印象中，那时的父母都生活俭朴、勤俭持家，小孩子手里不会有太多钱，即使有钱也不会随便乱花，不然会被人看成是败家子。更有甚者，很多小孩从小就要找机会赚钱以补贴家用，我小时候就插过鞭炮，织过网袋，甚至卖过冰棍捡过废品，能为家里减轻负担就觉得特有成就感，我们那个年代的孩子基本上都有这么“懂事”。

现在时代不同了，家里的条件好了，孩子就不用受穷了。等我有了孩子，我在给孩子零花钱这个问题上应该说是颇费心思的。孩子出生的时候，我们家经济上不宽裕，所以根本没有想过给孩子钱，更没想过给孩子买保险或者存钱什么的，不像现

在的年轻人恨不得把所有条件都创造好了才考虑结婚，孩子出生的时候几乎所有该有的都有了。儿子大概从五岁起开始对钱有了感觉，知道家里所有东西都是拿钱换来的。最令我印象深刻的是，有一次我们去一家名叫“胖嘟嘟”的餐馆吃自助餐，吃饱喝足出来儿子说以后还要去那里吃，我问他为什么，他说那里吃的东西又好又多，还不用多花钱，我突然意识到孩子已经开始知道钱的重要性了，于是从那年起，我开始在过年的时候给儿子压岁钱。为了给儿子制造惊喜，我和孩子爸爸每次都会分开给，这样孩子会有得双份的感觉。每次拿到压岁钱儿子都特别高兴，晚上睡觉的时候会得意地把红包压在枕头下面。可是到了第二天，儿子总是会把红包交给我要我替他保管，因为他并不知道我们给他的钱到底是多少，也不知道如何去花这些钱，交给妈妈成了他认为的最好选择。在后来好几年时间里，儿子一直是大年三十枕着红包睡一晚，初一就把钱上交给我。时间一长新鲜劲过去了，我们给压岁钱这件事变成了鸡肋。给吧，孩子已经没了感觉，不给吧，孩子也会觉得奇怪，春节唯一可期盼的东西没有了。为了营造过年的气氛，让儿子充分享受过年的感觉，我又想出一招——带着儿子把压岁钱存到银行里，并且在存折上写上他的名字，儿子果然又兴奋了好一阵子。通过给儿子压岁钱，我发现儿子对钱既有感觉又没感觉，因为拿到钱的时候他很高兴，可是无论是交给我保管的钱还是存在他名下的钱，他过后就不再问起，似乎这些钱跟他一点关系也没有。

在现在的生活中，父母和亲朋好友给孩子压岁钱每年数目越来越大，我们身边孩子的压岁钱越来越多，可我们给孩子压岁钱到底有没有意义呢？我们为什么会热衷于给孩子压岁钱呢？是老祖宗传下来的习惯？还是钱在我们的生活中真的很重要？或者还有其他我们不知道的原因？从我和我儿子的经历来看，压岁钱除了增添一些节日气氛，它起到的作用和其他节日礼物没什么两样，儿子没有因为压岁钱对金钱形成任何概念。

儿子到上初中才开始有零花钱。因为他平时根本不花钱，给多了又怕弄丢，我一般只给他放五块钱在身上。令我没想到的是，这五块零花钱还引发了许多思考。

事情的经过是这样的。有位邻居很喜欢孩子，我们小区的孩子她基本上都认识，因为看到很多孩子身上有很多钱并且很会花钱，有一天就问我儿子他有多少零花钱，我儿子毫不犹豫地告诉她他只有五块钱。

邻居差点没笑出声来，儿子被弄得莫名其妙。邻居后来见到我直说我儿子真懂事，我纳闷半天才弄明白是她认为我儿子的零花钱太少，少得让她觉得不可思议。儿子不明白别人为什么认为他应该有更多的零花钱？别的孩子为什么会有那么多零花钱？他的妈妈是不是太“抠门”啊？

的确，以我家的条件和现在的潮流，孩子身上只有五块钱是有些不可思议，但事实是我的儿子真的不需要更多的零花钱。从时间上来讲，儿子白天基本上都在学校，没有花钱的机会，晚上是在家里，同样也没有机会花钱。从需求上来讲，儿子不需要坐公交车，不需自己购买生活用品或学习用品，因为他的吃穿用我都会全部为他准备好，所以他基本上没有花钱的时候。如果有特殊情况，如和同学聚会需要花钱，儿子会提前告诉我，我会根据情况把钱给他，所以儿子没有觉得他需要更多的钱，他的五块钱其实只是摆设，常常是很长时间都没有花掉。当然，最重要也最难得的是，儿子没有养成乱花钱的习惯，他不认为他有必要买任何东西。

家长给孩子太多零花钱是怎样造成的呢？仔细分析一下，可能有以下几个方面的原因。一是家长不知道孩子最喜欢什么，家里没有足够的储存以满足孩子的需要，孩子要自己到外面去买这些东西。二是家长平时花钱很随便，大手大脚，不顾后果，怎么痛快怎么花，孩子在这样的影响下也可能对花钱上瘾。三是家长很相信孩子，认为孩子有钱也不会乱花，甚至有的家长还希望通过这种方式锻炼孩子的管钱能力。四是孩子的注意力没有集中在正确的地方，在学校上课觉得很枯燥，学别的东西也不专心，所以有太多的时间精力想消费的事，而家长认为孩子的需求是正当的。当然，还有家长溺爱孩子的原因，有时候家长明明知道对孩子不利，可还是会因为心疼孩子而满足孩子膨胀的欲望。还有就是很多人都深恶痛绝的攀比，爱面子讲虚荣的家长有时候是因为不想让别人瞧不起而打肿脸充胖子，我就见过有的家长因为孩子攒的私房钱多而洋洋得意……

不管是什么样的原因，家长都应该记住孩子的习惯和思维是从小养成的，孩子的成长是不可逆的，任何错误的、短视的做法都会要付出沉重的代价。给孩子太多的零花钱明显有扼杀孩子积极性和创造性的可能，因为孩子在花钱的时候既要费脑子又要费时间，把太多的时间和精力花在享受上势必会影响学习、消磨斗志。我们常说的“穷人的孩子早当家”其实是因为人有穷则思变的特性，让孩子适当“穷”着点也许能使他更加专注学习追求上进，让孩子过于养尊处优其实是在扼杀他的创造力和上进心。

当然，孩子迟早要面对花钱这个问题，因为没有人能不食人间烟火，没有人能永远受到父母的庇护。从这个角度来讲，家长帮助孩子从小树立正确的金钱观就显得更加重要。就我而言，精心安排好孩子的生活、让孩子衣食无忧是我努力追求的目标，毕竟我自己是在贫困中长大的，我知道缺衣少食的感觉，所以我不能让自己的孩子受一点委屈。同时，随着经济条件的好转，过上富裕生活之后，我也担心孩子会成为花钱如流水的纨绔子弟，担心孩子会成为饭来张口衣来伸手的寄生虫，担心过多的物质享受会侵蚀孩子的心灵，所以我会在给儿子零花钱这件事上严格控制精心设计，我要让他找不到花钱的理由和花钱的机会，同时又不让他有缺钱的感觉。

如今我的儿子已经独立生活，所有事情都由自己打理。虽然从对我的依赖到自己完全独立转变得很突然，我的儿子还是适应得很好，因为我能感觉到儿子在金钱面前依然保持着良好的心态——生活安排得井井有条，主要精力都放在学习和工作上，从不无缘无故花钱或者跟我要钱。在儿子出国之初，我也像许多家长一样给儿子办了个信用卡副卡以备不时之需，因为我每月按时按量给儿子汇钱，儿子几乎没有用过那张信用卡。我的花钱习惯是量入为出、从不借钱，所以我自己平时宁愿用贷记卡而不愿用信用卡，现在儿子不但没有因为手里有信用卡而养成不负责任的刷卡习惯，而且第一次从美国回来就要我把那张副卡给销了，由此我基本上能够断定儿子在金钱问题上我是可以放心的。到了大学三年级，儿子自己办了一张美国信用卡，他说美国人一般都习惯用信用卡，很少使用现金，办个信用卡不仅方便，而且能证明自己是个有信誉的人。我想儿子入乡随俗，还能学会管理自己，也算是与时俱进吧。

在物欲横流急功近利肤浅浮躁的当今社会，儿子没有养成挥霍、享受、攀比、颓废等这些常见的现代病，他自己都觉得不可思议，回想起妈妈的“五块零花钱”，他终于明白了妈妈的“抠门”和“大方”其实是用心良苦。

校长小助理

清华附中从那年开始实行校长助理制度，
每年从各个年级选出两名助理，
其任务是在校长和学生之间架起一座桥梁。

2002年儿子小学毕业，因为那年清华附中招收归国人员子女，孩子爸爸是留英归来的高级访问学者，儿子就顺理成章进了清华附中。

儿子进入清华附中那年，他们年级共有十三个班，其中二、四、六、八班是实验班，其余是普通班。儿子通过考试进了六班。因为是按成绩分班，也因为孩子年纪大了些，走进初中班的感觉是，与小学班太不一样了。我隐隐约约觉得儿子在初中班将面临很大的挑战。

初中果然要比小学忙得多。最明显的是早上到校时间提前了，因为上课之前有早读，而早读也是不能迟到的。放学时间也比小学晚，不仅因为课程排得更满，而且还有很多自习补习，家长接孩子往往要在校门口等上好半天。上中学没几天，我就发现儿子回家的时候经常会在车上睡着。

实验班的同学果然实力非凡。几天接触下来，儿子就已经知道班里有几名女生十分厉害，她们是各种活动的积极分子，学习成绩也遥遥领先，在小学一直是佼佼者的儿子第一次感觉到了压力。

儿子努力适应着紧张的初中生活，晚上睡觉时间由原来的九点改成了十点，早上起床也由原来的六点半改成了六点，而且晚上也开始看书写作业了。儿子适应能力还不错，加上调整及时，很快就找到了上初中的感觉。

大概是在两个月之后，儿子告诉我，他当上了校长助理。原来清华附中从那年开始实行校长助理制度，每年从各个年级选出两名助理，其任务是在校长和学生之间架起一座桥梁，让校长知道同学们的想法，同时也帮助校长完成一些日常管理工作。

班主任老师根据儿子的小学成绩，断定他是个能力不错的孩子，主动找到他，鼓励他参加竞选校长助理。经过层层筛选，儿子果然不负老师所望高票当选。之前，因为不知道自己到底能不能选上，儿子一直没跟我说竞选的事，所以后来我知道的时候不禁满腹疑问。我问儿子他的成功秘诀是什么，儿子说大部分竞选者都是向别人介绍自己如何优秀、有什么能力，他却在演讲中大谈同学们在学习之外应该有什么样的活动，比如说教学可以和春游、秋游相结合，他应该如何为同学们服务，结果同学们对他的演讲报以热烈的掌声，最后一致认为他是校长助理最合适的人选。

当上校长助理后，儿子每周要和校长开一次会，每次要分析和讨论学校教学中存在的问题，同时提出解决问题的方案。由于这样的工作性质，儿子逐渐养成了爱观察勤思考的习惯。经儿子的提议，老师有一次把课堂搬到了离学校很近的圆明园，同学们不仅被新颖的上课形式所吸引，而且还对所学的知识印象更深刻，儿子对自己的工作成绩也颇有一些得意。

儿子在任校长助理期间还促成了一项活动，那就是每年一次的野外活动。它相当于很多公司为培训员工的团队精神和吃苦能力进行的“拓展训练”，据说这项活动在清华附中一直被保留到现在。中国学生对书本知识的重视是毋庸置疑的，但对课外活动的重视相对要少一些，儿子的建议切中要害，因此也得到了同学、老师甚至校长的肯定和支持。

我佩服儿子的能力，更佩服儿子的眼光，同时我也意识到儿子现在已经很有自己的想法。他的追求已经不仅仅是出色的考试成绩，他要弄清楚为什么要做一件事、如何才能取得最好的效果，那个完全听家长和老师的指挥、乖乖地服从命令的毛头孩子，现在真的已经长大了。

对于孩子要不要在上学期间当干部或承担一些管理工作，许多家长是很纠结的。参与吧，又怕浪费时间耽误学习；不参与吧，又怕孩子发展不全面学成书呆子。我的经验是，绝不能为了虚荣为了脸面刻意追求当干部，孩子的能力可以通过许多不同的途径展示出来，比如可以在文艺方面或者体育方面展露才华，当干部并不适合所有孩子，如果让一个性格内向、连自己都不太会管理的孩子去管理别人，那还真是既浪费时间又浪费精力。如果孩子既有机会又有能力，家长也不用把当干部看成是负担，能成为优秀学生干部的孩子，学习一般也不会太差，即使学习不十分出色，也可能因为组织能力出众而显得光芒四射，说不定对孩子的学习还能起到推动作用。

我起初对儿子当校长助理其实是有些担心的：中学学习压力本来就不小，儿子会不会捡了芝麻丢了西瓜？中学生正处于叛逆期，儿子会不会因为一件事没有把握好而把与同学老师的关系搞僵？最重要的是，儿子能胜任这个校长助理的工作吗？我的担心应该说并非多余，儿子在初中阶段的学习成绩的确不太稳定，他与同学和老师的关系的确也经历了一些波折，校长助理的工作也的确给他带来了一定的压力。但所有这些都成了他成长过程中极其宝贵的财富，没有这些经历，他可能永远停留在原来的水平上，永远都不知道自己还有那么多的可能。儿子作自我总结时说，他以前从来没有得到过那么多的attention(注意)，从来没有感觉到自己有那么多的confidence(自信)。我想儿子的总结很说明问题，就凭他说的这些话，我认为他当校长助理是很有收获的。

“非典”大逃亡

面对灾难或者逆境，
首先不要悲观，不要放弃，你想做什么，能做什么，
就积极大胆去做，再加上一点点巧合，没准儿就会收获巨大的惊喜。

2003年“非典”的肆虐，使整个京城乌云笼罩，学校停课、单位放假，大家都生活在恐惧之中。

病毒看不见摸不着，等待何时休谁也不知道。与其消极面对，不如积极应对，经过激烈的思想斗争，平时难得有机会休假的爸爸决定带一家人离开北京，逃亡也好，逍遥也罢，反正不能呆在家里一天到晚睡大觉！由于不知道能去哪儿，我们带足干粮开着车朝着老家的方向出发。一出北京城，我们感觉就像出笼的鸟儿，一直压抑的心情顿时欢快起来。

一路上经历了无数次检查和消毒，虽然气氛颇为紧张，我们还是顺利通过了一道道关卡。最幸运的是，我们都体温正常，没有出现最让人担心的发烧。经过十几个小时的疾驰，我们首先到达了湘潭。按照当时的规定，我们直接去医院查了体温，在确认没有异常情况之后，我们到了爷爷奶奶家。

爷爷奶奶很高兴我们能回去，尽管这时的团聚存在一定风险。为了不让别人担惊受怕，我们一直在家呆着不出门，爷爷奶

奶则每天买菜做饭，每顿都给我们做一大桌我们爱吃的家乡菜。正在长身体的儿子胃口大开，几天下来就吃得白白胖胖的了。

一周之后我们又去了姥姥家，我们还是只呆在家里哪儿也不去。为了让街坊四邻放心，我们还每天给居委会打电话报告一下体温。姥姥这边亲戚朋友多，过了几天没发现有问题，都纷纷过来看我们，每天都有一大帮人在一起，所以显得热闹无比。平时过年过节我们难得有机会回老家和他们团聚，这次回来倒像是一次弥补。

在姥姥家呆了一个多星期，之后我们还去了爸爸的老家岳阳。在岳阳，儿子第一次见到了爸爸的爷爷奶奶，他们已经是九十岁左右的老人，眼睛耳朵已经不太好使，但四世同堂给他们带来了惊喜。儿子见到曾祖辈以及他们的生活环境，自然是感慨万千，时代的变迁、生活的改变、血脉的传承，所有这些概念在他的脑子里一下变得清晰起来。儿子与他们的第一次见面也是最后一次，没过几年他们就相继去世了。现在回想起来，如果没有“非典”，不知道儿子会不会有机会见到他们？“非典”虽然扰乱了我们的生活，给我们制造了很多麻烦，同时也给我们提供了一次与家人团聚的机会，大逃亡最后变成了寻根之旅和亲情之旅，儿子从出生以来正好缺这一课，没想到借“非典”的机会补上了。我们为在那么紧张的局势下作出英明决策感到骄傲，更为亲人们在那个特殊时期对我们毫不犹豫的接纳深受感动。

同样值得骄傲的是，这次逃亡还是一次学习之旅。既然到了岳阳，我们带儿子去参观了天下闻名的岳阳楼。岳阳楼湖光山色的美景自然不用多说，最让儿子震撼的是范仲淹写的《岳阳楼记》。无论是《岳阳楼记》文章本身，还是记载这篇文章的书法，都让儿子惊叹不已。为留作纪念，我给儿子买了一把上面印着《岳阳楼记》的纸扇，儿子对这把扇子爱不释手。在回北京的路上，我跟儿子说，在考大学之前，我学过这篇虽然只有三百六十八个字但文笔优美潇洒思想境界崇高的文章，对“先天下之忧而忧，后天下之乐而乐”、“不以物喜，不以己悲”这样名句烂熟于心，对整篇文章现在还差不多能背下来。儿子一听来了兴趣，马上要求我背给他听，我一句一句往下背，儿子一句一句往下跟，不一会儿儿子也把《岳阳楼记》背下来了。什么“非典”的阴影，什么路途的辛苦，什么学习的枯燥，统统都在愉快的背诵声中烟消云散!

说来也巧，儿子恢复上课后，学的第一篇课文居然就是《岳阳楼记》！那天儿子放学回来，跟我说这件事的时候脸上充满着骄傲和自豪。怎么会这样呢？面对灾难或者逆境，首先不要悲观，不要放弃，你想做什么，能做什么，就积极大胆去做，再加上一点点巧合，没准儿就会收获巨大的惊喜。我相信儿子也是这样理解的。

爱上乒乓球

儿子学打乒乓球的过程轻松自然，收获却超乎想象，
孩子的成长有时真的不需要那么精心设计，
家长在旁边的鼓励跟欣赏其实就是对孩子的最大支持。

儿子大概在十一岁的时候爱上打乒乓球，他学打乒乓球的经历很是令我难忘。

初次接触到乒乓球球是因为我们居住的小区开了个乒乓球室。由于乒乓球室的条件还不错，乒乓球又是我们的国球，小区里会打乒乓球的人纷纷过来凑起了热闹，有来锻炼身体的，有来以球会友的，也有纯粹来炫耀球技的。儿子突然发现小区里乒乓球高手还真不少，于是乒乓球室像磁铁一样把他吸引住了。

儿子提出要买乒乓球和乒乓球拍，我想学乒乓球是好事，活动活动对身体也有好处，所以很爽快地答应了。给儿子置好行头，我心里犯起了嘀咕：儿子根本没学过乒乓球，他能打得好吗？那些高手能带他玩吗？我能帮上忙吗？要不要给他请个教练或者送他上个培训班呢？

我的担心很快被证明是多余的，儿子打乒乓球的兴趣一天比一天浓，根本不需要我帮他创造任何条件，而且只字不提请教练上培训班的事，似乎他自己就能搞定一切。每天吃完晚饭，儿子

就迫不及待来到乒乓球室，等待那些高手的出现。虽然年龄不大，跟那些会打球的人也不认识，可儿子一点也不怯场，没过多久就“混”进了打球的队伍。

我小时候没打过乒乓球，对乒乓球完全是个外行，看到儿子学得那么快，心里也跃跃欲试，所以有空我就陪儿子来到乒乓球室。慢慢地我摸清了一个规律，没有其他人的时候儿子还愿意跟我打着玩，一有人来儿子就拉开架势要认真比拼了。这时候我会很识趣地把地方让出来，让儿子有机会向高手们学习。很快，我发现高手们不仅愿意和儿子打球，还经常称赞小伙子进步很快。

高手里有问儿子有多少零花钱的邻居范奶奶。范奶奶告诉我她认识我儿子就是因为打乒乓球。因为发现是老乡，老太太对儿子格外照顾，儿子也很会讨老太太喜欢。看到儿子比其他孩子学得快，范奶奶成了我儿子的乒乓球启蒙老师，儿子果然也不负所望成了她的“得意弟子”。

高手中还有一对中年夫妇。这对夫妻不仅人很好，球技也不错，儿子很快就“瞄”上了他们俩。只要这对夫妻一出现，儿子就会想方设法跟他俩过上几招。说来有些奇怪，对于一个完全不认识的小孩子，对于一个没有太多基础的球手，中年夫妇不但没有小看儿子，还常常把他看成是强有力的对手，而儿子的进步之快很让他们刮目相看。经过一段时间的切磋，他们打心底里喜欢上了聪明懂事的儿子，以至于有一天这对夫妻跟我说了一个让他们觉得很好玩的故事：“刚开始的时候，你儿子会追着找我们打球，可是等他水平高了之后我们有一次找他打球时，他居然来了句‘让我想一想吧’，你说这孩子是不是太逗了！”

听到这个故事，我也有些忍俊不禁。很显然，儿子在学打乒乒球的同时还锻炼了他的外交能力，他知道如何赢得别人的喜爱和尊重，同时也懂得如何在拒绝别人的同时不忘给人留面子。儿子的话尽显孩子气，却也表现出相当的成熟，难怪那对中年夫妻对儿子的印象那么深刻。

儿子的乒乓球技术到底怎样我无法评判，但从他一直保持着浓厚的兴趣我可以猜出他的水平还不错，家里来了客人或出去游玩，他总是找机会跟人淋漓尽致地打一场。

乒乓球还成了儿子与小区其他孩子之间的桥梁。因为学校离家较远，儿子平时上学早出晚归，没有时间和机会与其他孩子接触，爱上乒乓球之后，儿子不仅认识了很多小朋友，而且还和许多孩子成为了真正的朋友。

乒乓球也成了儿子在学校与同学交流的一种手段。从开始打乒乓球起，儿子就在书包里始终带着球和球拍，虽然我应儿子的要求专门买了个正式比赛用的篮球放在他们班，供他们课余用，儿子告诉我下课之后他和同学们玩得最多的还是乒乓球。

乒乓球不仅让儿子体验到了打球带来的快乐，而且对他的身体发育也很有帮助。正是在儿子打球兴趣最大的那段时间，他的饭量大增，身高一下蹿了不少。最使我感到欣慰的是，打乒乓球这件事让我有机会了解到儿子是个喜欢交际并且善于交际的孩子。

我为什么对儿子与其他孩子的交往那么看重呢？因为生活在北京这样的大都市，孩子的交往圈子其实比小城市更加狭小，加上是独生子女，孩子很容易以自我为中心，我一直担心在这种环境下长大的儿子缺乏与人沟通交流的能力和技巧，担心在家备受呵护的儿子不知道怎样与其他孩子相处。我的一位同事的孩子在学校不仅交不到朋友，还经常受同学欺负，孩子很可怜，家长也为此没少伤心难过，这反映出孩子缺乏交际能力是多么可怕，学会和别人打交道是多么重要。现在我的儿子不仅学乒乓球很开心，还交到了那么多的朋友，我当然为儿子感到高兴。

我特别想说的是，虽然儿子对乒乓球表现出了浓厚的兴趣，我始终没有为儿子专门报班接受所谓的专业训练。我的想法是兴趣是最好的老师，儿子既然对一样东西感兴趣，他就会积极主动寻找最好的学习途径和学习方法，如果我过分表现出热情，又是替他找人，又是花钱报班，很可能会打乱他的节奏和计划，他不一定会感激我的“热情相助”，而我的“冷静对待”更可能会激发他去证明自己，更可能会收获到意想不到的惊喜。我见过很多这样的家长，他们对孩子的兴趣爱好反应有些过度，恨不得把自己的孩子培养成天才加全才，结果孩子的兴趣爱好慢慢就变成了沉重的包袱，孩子所有业余时间都被用来上各种补习班，家长辛苦挣来的钱大部分进了辅导老师的腰包，到头来不仅孩子的兴趣爱好没了，就连对正常的学习也开始厌恶起来，造成这样的后果家长肯定是不愿看到的。对于孩子的学习兴趣尽失甚至想方设法逃避，家长真的需要检查一下自己是否曾经揠苗助长而欲速不达。俗话说得好，“有心栽花花不放，无心插柳柳成荫”，我儿子学打乒乓球的过程轻松自然，收获却超乎想象，儿子的成就感和我的满足感相得益彰。这说明孩子的成长有时真的不需要那么精心设计，家长在旁边的鼓励跟欣赏其实就是对孩子的最大支持。

游戏也上瘾

儿子这时也告诉我，他的确对游戏有过一段时间的痴迷，
不过时间很短，
妈妈的疏和堵自然是功不可没！

儿子从小就对游戏类东西感兴趣，无论是动手的还是动脑的。

大概在儿子上小学三四年级时，一种叫game boy的游戏机很是流行。看到很多孩子都买了，我也给儿子买了一个。

刚开始，儿子的兴趣特别大，走到哪儿都带着，一有时间就拿出来玩。我观察了其他孩子，玩game boy的还真不少。2002年我和孩子爸爸去日本，发现日本小孩几乎是人手一机，我们同学的孩子还用一个特别漂亮的套子把游戏机装起来放在书包里，大人聊天的时候她就专心致志地玩着游戏，似乎玩游戏才是正常，不玩倒有些奇怪了。

看到儿子玩游戏那么入迷，我也被拖下水了。game boy里面有好多种游戏，不知为什么我只对其中一种感兴趣——俄罗斯方块，其他则一概不碰。我和儿子经常抢着玩，谁死掉就得让对方玩，结果我们俩的水平都练到了出神入化，经常能闯过所有难关听到一声“Congratulations(恭喜)！”

我陪儿子玩了相当长一段时间，最后发现我的“参与”还有

一些意想不到的收获。一是保护了儿子的眼睛，因为我俩轮换着玩可以使眼睛得到休息。看到有的孩子带着小眼镜还那么聚精会神地玩，我真的觉得心里不是滋味。game boy屏幕那么小，玩的时间又那么长，眼睛不玩坏才怪呢。儿子的视力一直到上高中都很正常。

二是增进了我和儿子之间的感情，因为妈妈也玩游戏，就拉近了母子之间的距离。正如苏芮的《牵手》所唱："因为爱着你的爱……所以快乐着你的快乐。"我玩游戏对儿子既是陪伴也是肯定，我不认为对玩游戏要一刀切地否定，儿子玩游戏有我陪着既开心又踏实，在一定范围内玩点游戏没什么不好。

最大的收获是我成了儿子的一面镜子，我分寸把握得好，儿子心里自然会明明白白，我稍越雷池一步，儿子也会看得清清楚楚。有一天，我心血来潮，吃完早饭就玩起了游戏，不知不觉一个人在家玩了一整天，坐在沙发上一动不动，不仅家里没收拾，晚饭也没做，儿子和爸爸傍晚回到家时我还正玩得起劲。这时我就听到儿子说："妈妈，你上当啦，哈哈！"原来儿子知道同学里有玩游戏耽误学习的，他自己也想过玩它一整天，只是因为要上学，我又在旁边打岔，他没有找到合适的机会呢，现在看到我"堕落"成这样，他立马意识到我被游戏机害了。

从那以后，我和儿子对玩游戏都没有那么上瘾了，这可能就是物极必反吧。后来电脑的普及又提供了好多新的游戏，比如赛车什么的，我没再表现出那么大的兴趣；儿子虽然还是有些喜欢，但也只是偶尔玩一玩。

儿子上初中时，网络游戏开始流行，由于不熟悉电脑操作，我就彻底退出了游戏。有段时间，儿子显示出了一点迷恋网络游戏的苗头，因为他在电脑面前呆的时间长了，而电脑对他的吸引力明显也比以前大多了。有天晚上我和爸爸起了疑心，半夜悄悄起来检查过一次，儿子果然还在电脑上！我心里很是着急，但还是故作镇静，不作批评也没多问，只是更加坚定了我做一件事的决心——每月只开通四十小时的限时上网，决不把家里的网络变成无限上网！儿子曾几次以学习要上网查资料为由要求开通无限上网，我跟他说每天能上网一小时，周末还可以多一点，四十小时应该正好合适，多了对身体对学习都没有好处。儿子拗不过我，后来就不再提这件事了。而最关键的是，我每天都在家，儿子的课外时间都和我在一起，所以没有养成去网吧的习惯，为了玩游戏而去网吧，对他来说是不可能的。果然没过多久，他对上网的感觉慢慢就淡化了。

后来我在学生中碰到一个从小就被游戏缠住的孩子，因为家长忙于事业监管不力，游戏成了这个孩子的全部世界。等到他懂事想出国求学的时候，他对自己走过的路痛悔不已。和我儿子接触之后，他说了一句让我十分震惊的话："你儿子是我见过的唯一玩游戏不上瘾的人。"玩游戏上瘾原来是那么普遍，游戏对孩子们原来有那么大的吸引力，家长原来还需要和网络争夺孩子！儿子这时也告诉我，他的确对游戏有过一段时间的痴迷，不过时间很短，妈妈的疏和堵自然是功不可没！

数学尖子生

之所以认为我的儿子是个数学尖子生，
不是因为他的十全十美，
而是因为他一次又一次的突破。

儿子从小喜欢数学，他的数学天赋似乎与生俱来。

那个喜欢在公共汽车上算题目的小男孩是我对儿子喜欢数学的最初印象。一个那么小的小男孩，不仅对算题感兴趣，而且注意力能保持那么久，如果不是真的喜欢和擅长，我想是很难做到的。

上幼儿园的时候，老师们一致认为儿子今后的数学不会差，因为他的理解能力和计算能力明显有些超前。

上了小学，儿子经常带回一些奖状，除了有语文、英语、书法、优秀班干部等方面的，最多的就是数学奖状，其中有数学优秀生的奖状，数学免考生的奖状，还有参加各种数学比赛的奖状。

由于数学成绩突出，儿子被老师选为奥数班的学员，说是每个周末都会额外上几节数学课。虽然我们并不热衷于当时大家趋之若鹜的奥数班之类的补习，并不认为多上几节数学课能改变什么，但出于对老师的尊重，同时也考虑到孩子的感受（孩子认为老师的话是必须听的），我们还是在周末的时候骑着自行车送孩子去上课了。我记得那个奥数班是在人大附中上课，上了几次课之后，由于接到命令要给学生减负，不许办这样的补习班，这个奥数班就取消了，从此儿子与奥数班的关系就算结束了。后来听说很多家长还是会偷偷带孩子去上这样的课，我们因为家住得远，也不知道哪里还有这样的班，最重要的是我们没有觉得有这个必要，所以就真的没有再让孩子上这样的课了。

虽然不再上奥数班，儿子对数学的兴趣一点也没减少，相反他更加重视起学校里的学习机会，数学成绩在班上一直名列前茅。可能是那个时候学奥数风气正盛，电视上经常会有奥数方面的讲座和竞赛，儿子看到这样的节目会被深深吸引，会跟着节目做考题，他的全神贯注和快速反应让我很吃惊——很多家长想尽千方百计让孩子对奥数产生兴趣、在数学上拔尖，结果却还是不尽人意，我们没有刻意给孩子创造条件，孩子的积极性和主动性还是一直保持良好——他是怎么做到的呢?

后来小升初和中考儿子的数学成绩都发挥了重要的作用。顺利考入清华附中之后，根据分班考试结果，儿子以优异的数学成绩进了竞争相当激烈的实验班，在三年之后的高中分班考试中儿子更是以数学名列前茅的好成绩进了最具挑战性的龙班。

儿子在数学上的出色表现让我刮目相看，虽然心里对儿子很是佩服，但我很少表现出得意和骄傲。作为一个奉行赏识教育的母亲，我会在很多方面夸奖儿子，但在数学学习上我还真没有表扬过他。因为学数学是马拉松，儿子一直旗开得胜，我早已对他的出类拔萃习以为常。还有就是我不想看到儿子翘尾巴，我要让他知道优秀是正常的、不优秀才是不正常的。虽然儿子知道别的孩子考了高分爸爸妈妈经常会有奖励，他却从没因为成绩好跟我要奖励，并且他的状态一直是我希望看到的——积极进取的同时又不骄不躁。

如果说儿子在取得成绩之后保持淡定难能可贵，他在学习中表现出的轻松更让我感到欣慰。儿子中小学一直保持着正常的作息时间，不仅业余爱好多，性格也活泼开朗，这与国内很多孩子被学习压得喘不过气来形成了鲜明的对比，可以说属于少有的没有被残酷的应试教育体制摧残的特例。虽然我也望子成龙，但我从没有给儿子请过家教，除了前面提到的上过几次奥数课，我没有让他上过任何其他课外辅导班。我的孩子有那么强的学习能力，有那么积极的学习态度，还有那么高效的学习方法，我为什么要给他增加压力、让他喘不过气来呢？如果把学习看成是吃饭，与其让他一次吃够吃伤，不如让他一辈子细细品味、慢慢享受。

当然，儿子在数学学习上也不是一帆风顺，他也曾经经历过挫折和打击。大概是在小学三四年级的时候，儿子有段时间突然变得“调皮”起来。一次家长会后数学老师很不客气地向我告状说儿子的数学成绩下滑得很厉害，让我好好管管孩子。老实说，从上幼儿园起，这是我第一次也是唯一一次听到老师说儿子“坏话”，心里当然很不是滋味，一时间差点方寸大乱！幸好我有朋友在北大附小当老师，对孩子的情况比较了解，我想到了先找到这位朋友打听究竟怎么回事。朋友告诉我儿子的数学老师家里发生了不幸，可能因为承受不了打击，那位老师性格变得有些古怪，要我不必太在意她说的话。后来我也慢慢从儿子那里了解到，班里很多孩子都害怕这个数学老师，他因为不喜欢这位老师而不愿意上数学课，成绩自然就往下出溜了。儿子的表现自然是有问题的，但我没有因此而责备或者批评孩子，甚至都没有让儿子感觉到我知道他出了问题，我心想老师是会经常换的，让他自己慢慢调整、慢慢适应各种不同情况对他也许是个考验，不如就把问题交给他自己去解决。过了一段时间我碰巧见到了数学老师组组长，自然问起了孩子的学习情况，组长告诉我："如果你的孩子学习还有问题，那所有孩子都该有问题了。"组长的话让我更加坚信我的冷处理是正确的，儿子的状态果然很快恢复了正常。

还有就是初二时，由于"非典"的出现和儿子自己开小差，儿子的学习一度出现了严重危机，期末考试数学成绩掉到了班上倒数几名。就在我感觉快要崩溃、对儿子的未来深感担忧的时候，儿子在接下来的统考中成功实现了大逆转。孩子自己的努力自然不必说，老师对他的信任和鼓励毫无疑问更是功不可没，如果老师在儿子出现失误的时候袖手旁观甚至冷嘲热讽，儿子肯定没有动力和行动悬崖勒马。

儿子在数学学习过程中经历的大起大落让我明白了一个道理：孩子的学习成绩与对老师的喜欢程度是成正比的。如果孩子老说某位老师好，孩子那门课的成绩一般不会有问题；如果孩子对某位老师没感觉甚至讨厌，孩子对那门课的兴趣肯定不大，成绩也好不到哪里去。这说明当老师的应该有人格魅力，能把学生吸引住；做学生的也要具备一定的情商，能被老师带动起来。仔细回想儿子的学习过程，我就发现儿子很少否定老师，老师们对儿子的评价也多半是肯定，我想儿子的成绩优异和全面发展与他和老师之间的良性互动是密切相关的。

同样，家长与孩子之间的相互欣赏和相互尊重也是家长满意、孩子优秀的主要原因。如果家长克服了急于求成、欲速不达、好高骛远、揠苗助长等毛病，真正挖掘出孩子的潜力，孩子健康快乐地成长着，家长还有什么不放心的？家长管得放心，老师教得精心，孩子学得开心，我们的目标不就实现了吗？我之所以认为我的儿子是个数学尖子生，不是因为他的十全十美，而是因为他一次又一次的突破。

轮滑小教练

通过做轮滑小教练，
儿子真正体会到了“赠人玫瑰，手留余香”的快乐。

大概是在儿子十二三岁的时候，爷爷奶奶来北京和我们一起过春节。由于平时见面的机会不多，又是在春节期间，爷爷奶奶希望给孙子买个礼物。在街上转来转去，最后决定买一双旱冰鞋，热爱运动并且喜欢新鲜事物的儿子自然高兴得不得了。

回到家儿子就迫不及待地穿上了旱冰鞋，让我们搀扶着来到广场练习起来。没过多久，儿子似乎就找到了感觉，不仅能自己站立，而且能慢慢滑动了。在接下来的一段时间里，儿子像着了魔似的吃完饭就要到外面滑上一阵子。功夫不负有心人，儿子很快就能自己穿着旱冰鞋出去而且滑得有模有样了。

可能是因为儿子的带动，小区里好多孩子都买了旱冰鞋学起了轮滑。每天吃完晚饭，孩子们会不约而同来到广场，你追我赶地滑起来。一时间一大群孩子穿着溜冰鞋在广场上滑来滑去成了小区里一道独特的风景：家长们边看边聊，孩子们边滑边玩。不知不觉间，落日退去，华灯初上，孩子们才赶快回家为第二天上学做准备。

转眼来到了夏天，孩子们放暑假了。儿子在假期里一般都会睡睡懒觉，不会像上学时那样起得早，这个假期他却每天早起，然后穿上旱冰鞋就出去了。刚开始我还以为儿子只是想趁早上凉快玩一会儿，过了几天我才弄明白是小区里有个中年男子在教他们几个孩子一些专业轮滑技巧。那个中年男子据说曾经接受过专业训练，而且是个热心肠，他觉得几个孩子滑得不错，就主动提出每天早晨给他们做一些辅导，于是早上的聚会就成了他们之间的约定。

儿子跟那位教练学了多久我记不清楚了，具体学了些什么我也不得而知，我只记得儿子在和其他孩子一起玩轮滑的时候姿势是那么优美、技术是那么娴熟。每次看到儿子滑得那么轻松自如、自我陶醉，我都有一种发自内心的感动，儿子的活力四射让我感觉到童年真幸福，教练的无私传授更让我感觉到世界真美好。

儿子对轮滑的兴趣保持了很长一段时间，那几年只要我们出去逛公园或者到郊区去郊游，儿子都会要求带着他的溜冰鞋。只要有场地，儿子就会滑上一会儿，如果赶上有与其他孩子交流和切磋的机会，儿子就会特别兴奋，经常滑得大汗淋漓、满脸通红。因为儿子乐在其中，我们也看得眼花缭乱，我感觉每次在外面玩的时候都特别开心。

看到儿子对轮滑兴趣那么大，我也动过想学的念头。真正接触之后，我发现轮滑没有我想象的好学，穿上鞋之后站稳都不容易，如果掌握不了平衡还容易摔跤，我想我是家里的“顶梁柱”，万一摔坏了谁来买菜做饭？谁来打理家里的一切事务？所以无论儿子怎么帮我使劲我都无法克服心理障碍，最后只好以作罢收场。我一直以为家长学东西应该比孩子更容易，所以成为妈妈之后我对儿子感兴趣的东西一般都会积极参与，通过学轮滑这件事我明白了家长在很多方面其实是不如孩子的，这种认识对我欣赏和尊重孩子产生了重要的影响。

不知从什么时候起，我发现我们小区里的孩子似乎都玩起了轮滑，大到高中生小到幼儿园的孩子好像都加入到了轮滑的队伍，并且总是还有更小一点的孩子在慢慢练习。可能是儿子学轮滑时年龄比较合适，学起来又快又简单，可对于年龄很小的孩子，风险还是蛮大的。我看到一些小小孩的家长不仅会把孩子全副武装起来——头盔、护膝、护腕，一个也不能少，家长自己还要在旁边保驾护航，有的扶着孩子走，有的跟着孩子跑，那严阵以待的架势看着就让人紧张，家长和孩子常常都累得够呛。慢慢地，我发现儿子会经常主动去帮助那些家长和孩子。因为他的热心肠，儿子不仅交到了更多的朋友，同时也被许多家长所熟悉。

有一天，儿子递给我一个红包，说是一个家长给他的。我打开红包一看，里面是好几百块钱，把我吓了一大跳。我忙问儿子怎么回事，儿子说最近一段时间他一直在教一对小双胞胎学轮滑，是两个孩子的妈妈请他教的，没想到教完之后那位妈妈非要给他一个红包，儿子没有办法只好收下了。

原来儿子当起了教练！我当时真的被这件事震撼到了！怎么会发生这样的事呢？小区里有那么多会轮滑的哥哥姐姐，人家为什么会独独请他当教练呢？儿子的高超技艺和乐于助人很可能是主要原因，我们常说“机会总是留给有准备的人”，儿子平时的表现一定引起了那位妈妈的注意。话说回来，儿子答应当这个教练肯定不是为了挣钱，他之所以愿意做这件事自然是源于他也得到过别人的帮助，他最真实的想法应该是想帮助别人。最让我佩服的是，儿子并没有把自己的助人为乐看成是炫耀的资本，更没有因为得到一个红包而洋洋得意，反而让他引以为豪的是他教的是一对双胞胎，他说教双胞胎很有意思，两个人长得一样，表现却完全不一样，教会这样两个人有双倍成就感。我能感觉到，通过做轮滑小教练，儿子真正体会到了“赠人玫瑰，手留余香”的快乐。

昔日的轮滑小教练如今已经长大成人，虽然他现在要更多地考虑自己的学业和将来的事业，但他还是像小时候那样兴趣广泛，还是那么乐于助人。我相信这种既聪明又善良的品质是极其难能可贵的，如果家长们能解放思想，不去一味要求孩子两耳不闻窗外事、一心只读圣贤书，让孩子有机会全面发展、充分享受童年的快乐，孩子才能有机会遇到帮助过我儿子的教练那样的人，才能体会到什么是助人为乐，可惜大多数孩子现在从小只专注一件事——学习，对其他事情一概不管、不问、不学，我想这样的成长经历是有缺憾的，对孩子的身心健康也是不利的。比起儿子拿回来的优秀成绩单，我更愿意看到儿子是个热情、开朗、阳光并且善良的孩子。

“我也想住校”

家长实在没有办法的时候，可以把住校当作一种权宜之计，
就像偶尔请人帮助照看孩子一样，
但决不能把它当成一劳永逸、唯一的解决办法。

儿子上大学前从没住过校，但他曾经两次跟我提出过想住校。

第一次是刚上初中的时候。因为进了实验班，班里同学个个成绩优秀，儿子听说住校的同学作息时间和学习活动都有专人管理，而且住校同学中有成绩特别好的，对住校充满好奇但从没住过校的儿子于是动了想住校的念头。

孩子的想法在我心中掀起了波澜。从儿子出生起，我就几乎没跟他分开过，爸爸因为工作太忙顾不上管他，我想与其两个人被套住不如解放出一个人，索性一个人把照顾孩子的任务揽了过来，儿子的生活、学习甚至玩耍，十几年来都一直由我陪伴。说实话，刚开始接受这个任务时我不仅感到辛苦，还觉得很委屈。为什么别人家的孩子有一堆人围着转，而我们家只有我一个人唱独角戏？我好不容易拿到硕士学位评上副教授，为什么最后要专心在家带孩子？我学的那些知识不是白白浪费了吗？也许是命中注定吧，老公对我的急脾气十分忍让，我把孩子管成啥样他都表示欣赏，儿子从小聪明可爱，跟他在一起我一点也不觉得枯燥乏味，相反还觉得很享受。慢慢地我不仅踏踏实实地做起了贤妻良

母，甚至还认为相夫教子更体现了我的人生价值。现在儿子跟我提出要住校，我的第一反应当然是不能轻易改变已有的格局。

接下来是冷静的思考。儿子是独生子，接触的人太少，自理能力也差，住校说不定对他是很好的锻炼哩。再说，儿子住校之后，我可以有更多的自由，还不用每天接送、为他做饭那么辛苦，何乐而不为呢？想着想着我开始有点动心了，但在最后作决定的关键时刻，我还是选择了坚守。前面十几年都熬过来了，再坚持几年就到头了，为什么要前功尽弃？最重要的是，儿子正处于青春期，万一受到一些不良影响或碰上几个不好的孩子被带坏了怎么办？想到这里，我坚定地打消了让儿子住校的念头。

要考高中了，儿子的学习空前紧张起来。儿子以中考想取得更好的成绩为理由，又一次跟我提起了住校的事。这一次，我想都没想就说出了连我自己都很吃惊的话："儿子，你就当是妈妈自私好了，你在家住的时间只有十八年，妈妈要陪足你十八年，你满十八岁后就不可能住家里了，你到时有的是机会住校呢。"儿子看我态度坚决，说话也在理，住校的事只好就此打住。后来的事实证明，儿子没住校中考也取得了好成绩，想住校只是想满足一下他的好奇心，住在家里对他的学习帮助更大呢。幸亏我在一些大是大非问题上严格把关，没有因为一时的疏忽留下遗憾。

关于孩子的住校问题，我是这样理解的。家长实在没有办法的时候，可以把住校当作一种权宜之计，就像偶尔请人帮助照看孩子一样，但决不能把它当成一劳永逸、唯一的解决办法。我有个学生跟我讲了他的住校经历：爸爸妈妈忙于事业，从上幼儿园起他就一直住校，因为太想爸爸妈妈，他在幼儿园就一直哭，后来哭的时间长了就不哭了，最后连爸爸妈妈也不想了。上小学中学他照样住校，生活上的自理能力倒是比一般孩子强，但和爸爸妈妈的感情却一直很淡，最大的问题是学习时不能集中注意力，爸爸妈妈跟他说什么他也听不进去。因为一个人独处的时间太多，他后来染上了非常大的网瘾，他爸爸如果想找他，就会直接去网吧，因为他永远会在那里被找到。大学毕业后，他彻底明白了自己的生活是多么无聊，虽然父母可以通过关系为他安排很好的工作，他却想通过去国外读书改变自己的命运。在我的鼓励和帮助下，经过痛苦的挣扎和煎熬，他终于摆脱了网瘾，通过了托福考试，到美国开始了他自己选择的新生活。这个孩子的住校经历让我觉得，有些家长完全是把孩子像扔包袱一样扔给了学校，住校成了家长逃避责任的一种选择。

我身边还有好些朋友，他们把孩子送去住校不是因为工作太忙，也不是因为不想管孩子，而是因为觉得住校方便省事，不过是掏点钱而已，把问题想得非常简单。对于这样的家长，我想提醒一句，孩子的成长需要精心培育，孩子给我们的时间真的不多，如果你想在情感上、性格上、学习上——任何一个你认为重要的方面——让孩子健康成长，那就要抓住一切机会付诸行动，哪怕只是陪伴孩子，你也要珍惜你们拥有的每一天，不要让看起来漫长而普通的日子在不知不觉中度过，你真的可以在平凡中制造欢乐、创造奇迹。现在我的儿子已经去美国留学，我平时只能通过网络和他联系和交流，他如果一年能在家住上一个月，我就很知足了。每次在网上和儿子聊到住在学校的感觉，我都会骄傲地告诉儿子：“妈妈以前没让你住校是多么明智的选择，没有浪费一天跟你相处的时间，否则我现在后悔都不知该躲到哪儿哭去！”儿子看到我的话哈哈大笑说：“我的妈妈太可爱啦！”

倒数第二名

我想，很多孩子厌学或者成绩有问题，
估计就是因为家长和孩子没有正确对待关键的一两次失败。

从“非典”大逃亡回来，儿子不久就参加了期末考试。

儿子没有考好，从他考试那几天的表情就能看出来。成绩出来后，很快就是家长会。会上老师表扬了很多同学，受表扬的同学还一一上台介绍了自己的成功经验，儿子不在其中，我第一次在家长会上对儿子感到失望。在回家的路上，儿子一言不发，我也欲言又止，我们俩就这样沉默了差不多半小时。最后我极力克制住自己的情绪，似乎是轻描淡写地说了这样的话：“儿子，你这次的成绩，如果你自己能接受，妈妈也能接受，如果你自己不能接受，妈妈相信你会有办法。”儿子表情严肃地回答说：“我知道了。”

可能是因为儿子从小就成绩好，我习惯性地认为他是个好孩子，所以很快忘了他考试砸锅的事，就好像什么也没发生一样。儿子也像往常一样上学做作业，没有表现出情绪低落。有一天闲聊的时候，我趁着儿子高兴，若无其事地问了句：“你成绩落在后面是能力不行还是没下功夫？”“应该是没下功夫吧。”儿子毫不犹豫地回答，我“哦”了一声就没再往下问了。

快要中考了，儿子的学习日复一日地紧张，我只能尽量安排好他的生活，盯紧他的作息时间，换着花样给他做好吃的补充营养，别的忙也帮不上。一模成绩出来了，儿子一鸣惊人，第一次在学校排名进了前10，班上进了前5，据说在海淀区十几万考生中也是前几百。知道成绩那天，儿子见到我自然面露喜色。我问他是怎么做到的，没想到儿子是这么回答的：“上次考那么差，我其实比你还急，你知道我考得有多糟吗？我是班上倒数第二名！”倒数第二名？我还真没问那么清楚呢！儿子从小自尊心极强，我就知道他会自己调整，所以采用了“响鼓不用重锤”的办法，儿子果然没有让我失望！

第二次模考，儿子的成绩还是相当不错。从两次模考结果判断，儿子已经彻底走出失败的阴影，昔日那个学习认真充满自信的儿子又回来了。

我琢磨儿子那次考试失利主要有三个方面的原因。最主要的原因是受“非典”的影响，别的孩子可能一直在家学习，而我们带他回了老家，由于以前从来没有那样放松和游玩过，儿子玩得太开心了，真的把学习的事抛在了脑后。其次是儿子正处于叛逆期，那段时间他的确在开小差，我们觉察到的问题是他出现了网瘾，跟我们说话容易发脾气，会背着我们做很多事情，老师掌握的情况是他在谈恋爱。第三是实验班的同学实在太厉害，儿子既感觉到压力又表现出逆反，看到班上前几名是如何取得好成绩的，他曾经跟我说：“他们简直都不是人，都快学成机器了，我才不愿意那样学呢！”由于我对问题的根源心中有数，我坚信柳暗花明的时刻一定会到来。

此外，期末考试是学校出题，考死记硬背的东西多一些，儿子因为更喜欢巧学而没有学会苦学，学习积极性还没有很好调动起来，所以考试的时候占不到优势；模考是海淀区统一出题，考题相对灵活一些，儿子有了发挥空间，这样就有了证明自己的机会。幸好我自己也经历过无数次考试，知道偶尔失败一次没有什么大不了的，所以坦然地面对了儿子的失败，如果我小题大作甚至方寸大乱，很可能会把儿子那一次失败最后变成可怕的恶性循环。我想，很多孩子厌学或者成绩有问题，估计就是因为家长和孩子没有正确对待关键的一两次失败。

其实儿子开小差的经历很多孩子都有过。我有个朋友的孩子也在青春期到来的时候出现了早恋等问题，她说第一次在儿子的抽屉里看见情书和香烟时，她的心都凉了。她是个单身母亲，母子俩感情还不错，她的解决办法是和儿子面对面沟通，最后也取得了满意的效果。而我向来实行的是赏识教育，儿子在我面前也的确一直是乖乖崽的形象，所以遇到问题我往往会多分析多观察，对孩子很敏感的事情一般只点到为止，不会直接戳穿让儿子难堪。但我会想办法让他感觉到我是理解和相信他的，换句话说，就是暗示他我是真心爱着他、关心着他并且相信他能自己想办法把问题解决。我相信爱的力量，儿子回报给我的通常也是沉甸甸的爱。

说实话，回忆儿子走过的那段弯路，我对儿子充满感激，感激他无论经历怎样的挫折总是能一次次崛起，感激他能够明白我的用心。我曾在课堂上问过很多学生是否有过挨揍的经历，男孩子普遍都说有过，少数男孩甚至对挨家长的揍习以为常，觉得不挨揍是不可能的。我问他们为什么，他们说孩子调皮，家长不打就改不过来。我想他们的话也许有一定道理，但我在儿子的成长过程中真的做到了“君子动口不动手”。我坚信好孩子绝对不是打出来的，拥有爱和懂得爱的孩子才能真正健康成长。儿子的健康成长，让我有机会成为既富有责任心又富有爱心的母亲。

考进“龙班”

家长过度地不惜血本可能会造成孩子的懒惰和不珍惜，更有可能扼杀孩子的创造力。

该考虑高中上哪所学校了，由于那几年北京高考状元大多出自人大附中，所以我希望儿子能上人大附中。在我看来，小学上北大附小，初中上清华附中，高中上人大附中，对于一个在北京海淀区上学的孩子来说，这是多么完美啊！

儿子却和我的想法不一样，他说他想继续留在清华附中，还告诉我他的同学大部分都把目标定在了清华附中。其实清华附中也不错，录取线也不比人大附中低多少，既然儿子有自己的目标，我也就没多说什么。

儿子的中考成绩还不错，但没有发挥出最佳水平，差人大附中录取线二分，按当时的规定，如果愿意交一点赞助费是可以被人大附中录取的。我们说交钱就交钱吧，把钱花在教育上是值得的。可儿子认为交钱上好学校没面子，说什么也不干，最后如他所愿留在了清华附中。

接下来是分班考试。儿子自己做着考前准备，考试的时候也跟平时一样，我们根本不需要过问什么或者帮他做点什么。分班名单出来了，儿子以优异成绩进了比实验班还难进的“龙班”。看到这个结果，我这才明白，原来儿子早有预谋——与其去人大附中上普通班，不如留在清华附中进“龙班”。据说“龙班”的学生将来大部分都能进北大清华，难怪儿子那么坚决要留在清华附中。那天我陪着儿子到清华附中看录取结果，在公告牌前儿子小声对我说：“妈妈，您的儿子还不错吧！”呵呵，这就是我聪明而调皮的儿子，既让我操心也让我惊喜的儿子。

儿子那一届总共有两个“龙班”——七班和八班，因为“龙班”里面有很多儿子初中时的同学，我就好奇地仔细察看了每一个学生的名字，没想到发现了一个儿子幼儿园时期的同学。这个名叫王抱恒的男孩在幼儿园也很出色，我记得他是因为接孩子时我和他妈妈经常一起聊天，我们对孩子的择校问题有着一致意见——决不图虚荣花钱让孩子上贵族学校，而是让孩子靠自己的实力考进好学校。开家长会时我找到了王抱恒的妈妈，了解到王抱恒小学真的没有花钱上好学校，就在附近的普通学校读完，初中凭自己的成绩进了一所不错的中学，高中进清华附中“龙班”也是凭成绩考进来的。我知道进龙班有多难，也知道家长把孩子培养好会有怎样的付出。听完王抱恒的故事，我真的对这位妈妈肃然起敬，如果说我的儿子起点高所以跳得高，那么她的儿子是起点低同样也跳得很高。是金子在哪里都会发光，这位妈妈把自己的孩子变成了金子。

儿子的成功其实也充满了跌宕起伏，如果没有经历前面的考试失败，他可能没有那么渴望成功；如果接受了我们帮他择校的好意，他就不会品尝到自己的胜利果实；如果没有我们的理解和支持，他也许会迷失了方向……其实，孩子的成功本身并不是那么重要，这次不行还有下次，人生是一场马拉松，重要的是儿子在成功道路上经受了历练。这次有爸爸妈妈的陪伴和支持，将来可能是他一个人去面对，这一次的成功经历无疑会增加他的自信和激发他的斗志。

毫无疑问，孩子的教育问题是一个家庭的核心问题，家长们会想尽一切办法完成这个任务。就北京的情况来看，光是现在的教育投入就比以前翻了不知道多少番：孩子还没出生就得花大价钱占位，上个普通幼儿园一个月就得三四千，上小学中学择校费少则几万多则几十万。我想这不简单是物价上涨，而是人们对孩子教育问题过于重视的一种误读。经济上的富裕的确给我们创造了更好的条件，家长也的确应该尽最大努力为孩子铺路，可是我们不能忘了孩子需要锻炼、需要成长、需要有自己开天辟地的感觉。家长过度地不惜血本可能会造成孩子的懒惰和不珍惜，更有可能扼杀孩子的创造力。大家都正确对待孩子教育，不仅教育费用涨不上去，孩子还能成长得更健康，我们为什么要加大成本揠苗助长呢？我儿子的能力当然值得肯定，他身上的问题同样不能忽视，如果我当时没有想办法陪伴他、引导他、感动他，只是花钱帮他搞定所有问题，我想结果可能会大不一样。

虎皮煎椒控

对于儿女即将或者已经远走高飞的父母，
我真心想说的一句话是：
美味在，亲情在；亲情在，故乡就在。

儿子现在不仅是典型的不怕辣，而且是典型的辣不怕和怕不辣，这与他斯斯文文的长相和海外留学生的口味似乎相去甚远。

其实儿子小时候并不喜欢吃辣，而且饭菜里面有一丁点辣椒都不行。我观察过其他湖南孩子，小的时候也都不能吃辣，所以我始终不大认同湖南人天生就能吃辣的观点。

儿子四岁来北京的时候，因为北京十分干燥，加上爸爸上课较多需要保护嗓子，我们家曾经一改湖南人的饮食习惯，很长一段时间里不吃辣椒，儿子小时候基本上没有机会练就吃辣椒的童子功，所以我不认为儿子吃辣是必然的。

儿子开始吃辣并且吃辣上瘾似乎是非典留下的“后遗症”。那是2003年，儿子十三岁，正好是长个子的时候。因为非典，学校停课；因为非典，单位放假，我们利用这次机会开着车离开北京回到了家乡湖南。在老家众多好吃的菜品中，一道名叫虎皮煎椒的菜吸引了儿子的注意力。虎皮煎椒以完整的大个儿辣椒为原料，佐以葱姜蒜和黑豆豉，再加上儿子爱吃的醋和酱油，烧熟之后油而不腻、软而不绵、辣而不烧的感觉让儿子吃得大呼过瘾，一向非常挑食吃饭费劲的儿子在虎皮煎椒的诱惑下突然变成了来者不拒吃嘛嘛香的“吃货”，食量大增不说，速度也快了起来。最重要的是，吃饭由完成任务变成了高级享受。

虎皮煎椒给儿子带来的享受和改变并非短暂的稍纵即逝，而是长久的翻天覆地。从那以后，儿子不再挑食，我也不再为儿子吃饭伤脑筋。因为胃口好吃得香，儿子的身体发育也突飞猛进，过去的豆芽菜变成了壮小伙，以前在班里总是坐在第一排的小个子终于坐到了最后一排。

一道普普通通的小菜——而非精心准备的山珍海味——带来了我们怎么也意想不到的神奇改变，这让我领悟到了中国人所说的天时地利人和是多么的千真万确。如果不是回到家乡，如果不是彻底放松了身心，如果不是和家乡的人在一起，儿子很可能与那盘虎皮煎椒失之交臂，也很有可能即使吃了虎皮煎椒却什么改变也没有发生。

儿子的改变自然让我喜不自禁，我感觉儿子长大了，我也被解放了。儿子不再是那个吃饭就让我发愁的小毛头，我也不再是那个煞费苦心焦头烂额的营养师。我终于可以看到儿子茁壮成长了！

令我欣慰的是，儿子对虎皮煎椒的喜爱慢慢深入到了骨髓，很长一段时间里，我会隔三差五地给儿子做这道菜，儿子果然百吃不厌。不仅如此，儿子对剁椒鱼头、剁椒蒸芋头、青椒牛肉丝等典型的带辣味的湖南菜也产生了兴趣，这为我管理儿子的饮食提供了方便。因为摸清楚了儿子的口味，我这个三流水平的厨师在儿子心目中成了最好的厨师。对我而言，虽然我很少敢在亲戚朋友面前展露厨艺，但只要是为儿子做饭，我就会变得很自信，很有灵感。

因为吃饭香，儿子在初三的时候个子就差不多窜到了一米八，这让我很受鼓舞。中国有句俗话："半大小子，吃穷老子"，儿子的一次表现让我体会到了这句话一点也不夸张。那是一个中午，儿子要到口腔医院去看牙，因为不想耽误上课，我们只能利用中午一个小时的休息时间去医院。我提前在家把饭做好，用保温桶带着我们两人的饭开车去了学校。因为上了一上午的课，又到了吃饭的点，还要赶时间，儿子一上车就抱着保温桶吃开了。一眨眼功夫，儿子告诉我说他把饭都吃完了，我本能地问了句"都吃光了吗？"儿子很快意识到了什么，很不好意思地说："你不早告诉我，我还以为你吃了呢？"我其实是想告诉儿子妈妈不相信他能吃下那么多饭，那个保温桶的量一般情况下两个人吃是绰绰有余的。儿子看到我要挨饿了，于是跟我幽了一默："谁叫你做的饭那么好吃呢！"说来也怪，听到儿子的话本来饥肠辘辘的我立马感觉不饿了，人在得意的时候可能会忘了饥饿？儿子吃得那么香，还夸奖了我的手艺，我不得意才怪呢！

儿子被虎皮煎椒改写历史、成为虎皮煎椒控的故事说明了一个道理：孩子偏食挑食本身并不可怕，怕的是不为孩子创造改变的机会。我儿子小时候的挑食可以说是非常严重的，他也像很多孩子一样曾经特别迷恋肯德基、麦当劳之类的洋快餐，如果我因此而相信孩子不会改变，甚至让孩子也相信改变是不可能的，那么改变就真的不可能发生，有再多的改变机会也可能会错过。我见过很多这样的家长，明知孩子挑食偏食，他们不但不想办法改变，还经常给孩子创造越错越远的条件。试想一下，如果我的孩子想吃麦当劳我就经常带他去，从小就习惯吃麦当劳的他能轻易接受其它东西吗？如果我们不想办法让孩子尝试各种不同的东西，说不定我的孩子也不能做出比较和鉴别，不能最终找到他真正爱吃的东西。家长有开放的心态意味着孩子也有开放的心态，只要不刚愎自用固步自封，时机一旦成熟，改变就有可能发生。我儿子爱上吃辣也许有其必然性和偶然性，但敢于尝试、善于调整应该更为关键。

儿子的虎皮煎椒控还让我明白了孩子的成长过程中真的需要有一道饱含亲情的美味佳肴。世界上的美味佳肴何止千万，惟有饱含亲情的美味佳肴是金钱买不到的。这道美味佳肴不一定要名贵，不一定是极品，但它一定要让孩子魂牵梦萦，一定能让孩子的心无论在天涯在海角都能因为它立马想飞回来。我教过的学生中很多都告诉我他们的妈妈不做饭，他们没有吃过妈妈做过的饭。作为过来人，我知道给孩子做饭是多么不容易，但我还是要说妈妈不给孩子做饭是人生中最大的遗憾。孩子吃得那么津津有味，从小树苗长成参天大树，而那让孩子大饱口福茁壮成长的饭菜是你亲手做的，世界上还有比这更值得去做的事情吗？生活中还有比这更幸福的感觉吗？我现在只要做好吃的就会想象儿子要是在家会吃得多开心，儿子则只要想到妈妈做的饭菜随时都有想飞回来的冲动。这种感觉是温馨的，因为儿子虽然远在天涯，我却能实实在在地感觉到他近在咫尺。对于儿女即将或者已经远走高飞的父母，我真心想说的一句话是：美味在，亲情在；亲情在，故乡就在。

都有成就感

儿子现在已经长到一米八三，即使在美国人当中，他也不算矮。最让人羡慕的是，他身体结实身材匀称，被大家公认为“帅哥”。

我们家的电梯有一面大镜子，一天儿子看着镜子对我说：“妈，我长这么高，我有成就感，你也有成就感。”“我为什么也有成就感？”儿子一米八几，才一米五几的我得仰着头看他。“还不是你一口一口喂的呀！”儿子骄傲地告诉我。

儿子的话让我感慨万千。我十五岁离开家上大学，当时身体还处于发育阶段，可能由于遗传和营养等方面的原因，我始终没有长到我梦寐以求的一米六。孩子爸爸个子在南方人来说不算矮，但也只有一米七〇，所以孩子出生的时候，我比别的母亲多了一个任务，那就是要想办法让孩子长高一点。

我的第一个办法是让孩子多睡觉。其实刚开始我并不知道睡眠有助于长个儿，但我相信多睡觉一定对长高没坏处，所以从孩子一出生我就有意识地培养他多睡觉。可能是我怀孕的时候睡得多，儿子还真的挺能睡。儿子上大学前，无论学习多紧张，他的睡眠都不会受影响，因为他从不熬夜，严格的作息时间既让他保证了睡眠，也让他提高了学习效率。但是小学期间儿子的个子没有显出能长高的迹象。

第二个办法是让儿子多吃。儿子小时很挑食，吃饭的问题比睡觉的问题难解决多了。为了让他吃得多一点，原本不会做饭的我自己动手，只要发现他爱吃什么我就做什么。比方说，儿子特别爱吃饺子，作为南方人，我连和面都不会，但我还是学会了包饺子给他吃。开始是买现成的饺子皮，后来也慢慢学会了自己擀，虽然动作比较慢，每次都累得够呛，但因为是儿子的最爱，再累我也不觉得累。在北京，会包饺子的人很多，可儿子就爱吃我包的饺子，一般一次就能吃五六十个。每次给儿子包饺子吃，我都会很有成就感。如果儿子不好好吃饭或者赶时间，我把饺子亮出来就什么问题都解决了。儿子还因此得了个外号——“饺子宝”。

儿子不爱喝汤，我就想办法煲出特别好喝的鸡汤。第一次喝过之后，他觉得味道不错，每次把鸡汤端给他喝，他都不拒绝，但其他汤还是一概不喝。我因此知道，经常煲鸡汤，把鸡汤的味道煲得越来越好，就能解决他的喝汤问题。那时菜市场还能买到活鸡，而且是那种特地道的土柴鸡，我隔三岔五就给他煲一罐鸡汤。到现在，我煲的鸡汤还是他最想念的一道菜。

儿子不爱喝牛奶，但是一次偶然的机会改变了他。那天他见到了我们一位同学的孩子，与我儿子同岁，而且是个女孩，她的个子却比我儿子高了差不多一头。我儿子很受刺激，就问她是怎么长那么高的，她告诉我儿子主要是喝牛奶，我儿子从此就主动喝牛奶了。

儿子还不爱吃鱼，无论怎么劝就是不吃。有次我做了甲鱼，没想到儿子很爱吃，于是甲鱼也成了我的招牌菜。北京菜市场很难买到好甲鱼，因为吃得多，我成了挑甲鱼的能手，而且知道什么季节甲鱼会比较便宜。

儿子还不爱吃蔬菜，我就观察哪些蔬菜对他的胃口，然后想办法做成他爱吃的口味。渐渐地，他开始喜欢吃蔬菜了，土豆、莴笋、青椒都成了他的最爱。可能是湖南人天生爱吃辣，儿子有一次吃了虎皮尖椒，结果胃口大开，从此吃饭就好起来了。

儿子还有一个特殊习惯，吃饭只吃一碗，即使没吃饱也不会吃第二碗。我们有个朋友从哈佛大学回来，给我们带了一个既像杯子又像碗的纪念品，因为上面有哈佛大学的英文字，儿子觉得非常新鲜好玩。我们正为儿子的吃饭问题发愁，见儿子喜欢这个碗，就建议他用这个碗吃饭，结果儿子同意了。从此以后儿子的饭量增加了，个子也噌噌地往上长，因为这个碗可以盛原来的饭碗三倍的量！这个碗创造了奇迹，它成了儿子长高的秘密武器，我和孩子爸爸经常偷偷看着那个碗直乐。

水果是儿子的最爱，因为他要写作业弹琴，我就把各种水果洗好剥好切好用叉子叉上送到他嘴里，儿子吃我喂的水果就成了一种习惯。

儿子现在已经长到一米八三，即使在美国人当中，他也不算矮。最让人羡慕的是，他身体结实身材匀称，被大家公认为“帅哥”。儿子说得对，功夫不负有心人，我的努力没有白费，儿子的高个儿弥补了我心中的遗憾，我的确很有成就感。

iPhone惹的祸

我一定要让儿子知道，妈妈爱他不等于要无条件地满足他，
孩子学习再好，
也没有权利要求父母有求必应。

上高中后，儿子爱上了苹果产品。

最开始是朋友送了一个苹果MP3，儿子非常喜欢。儿子本来就热爱音乐，有了那个MP3，对音乐更加如痴如醉。用了一段时间之后，MP3的屏幕显示出了问题，儿子去一家苹果专卖店问能不能修，没想到人家很爽快地给他换了个新的。这下可把他乐坏了，从此成了苹果的铁杆粉丝，不久就买了一台很漂亮的苹果笔记本电脑。

儿子第一次提出买iPhone我没有答应。iPhone在手机中的确出类拔萃，可说到底它也是用来打电话发短信的，儿子原来的手机不仅能满足需求，而且也是他喜欢的品牌和型号，也是好不容易才买到手的，怎么能说换就换呢？儿子第一次要求买iPhone就这样被拒绝了。

后来，儿子决定去美国读大学，托福、SAT（I）都考得不错，趁我高兴，他又提出了要买iPhone。我想了想对他说："妈妈可以答应给你买，但是要等你去了美国再买，在国内买不仅

更贵，而且在美国不一定能用。”儿子觉得我的话有道理，买iPhone的事就暂时搁下了。

为保证申请到好学校，儿子决定再考SAT(II)，我于是又陪他去了香港。考完试我们和一对也是来考SAT的母女结伴逛起了街。香港不愧为购物天堂，世界名牌琳琅满目，我们逛得兴奋不已。在所有商品中，儿子还是只对手机感兴趣，可能是太受刺激了，儿子提出去一个卖iPhone的店看看。我随口答应说：“去就去，反正现在也不买。”同行的那对母女不了解我说这句话的原因，觉得我们母子俩太逗了，不禁哈哈大笑起来。就因为这句话和那对母女的笑，儿子跟我生气了。

从在香港看iPhone一直到回北京，儿子没有跟我说一句话。不仅在宾馆里不理我，在飞机上也没跟我说一个字。我想我为儿子的考试奔波劳累，iPhone的事我们已经达成共识，现在儿子却是这种态度，于是心里十分生气，也一直没理他。这是我和儿子之间第一次发生冲突，回家见到孩子爸爸我就委屈得直掉眼泪，没说一句话我就离开了他们父子俩。

儿子也跟爸爸哭诉了我的“罪状”，说我在别人面前没有给他留面子。爸爸看着平时关系那么好的母子俩闹起了矛盾，心里不禁还有些幸灾乐祸，觉得自己一下变成了可以依靠的大树，等大致明白怎么回事之后，便对两边都极尽安抚。可是我还是想不通，儿子找的是什么理由啊？我们不是早有约定去美国之后再买iPhone的吗？儿子表面上是对我说的话不满，实际上是心里一直不痛快，所以要找个借口发泄出来。面对儿子的反常表现，我的情绪失控到了极点，对他吼道：“妈妈真是该死，是妈妈没有把你教育好！”我的话让儿子刹那间感觉到了他对我的伤害有多严重，终于对我表示歉意说："妈妈，是我错了！"

这是儿子第一次让我伤心，也是我第一次跟他发这么大的火。我不能理解儿子的执迷不悟，也做不到花几千块钱息事宁人，我一定要让儿子知道，妈妈爱他不等于要无条件地满足他，孩子学习再好，也没有权利要求父母有求必应。

说实话，我一直有这么一个观点：我们现在经济条件好了，家里又只有一个孩子，父母和孩子都极有可能在花钱问题上迷失方向。刚来北京时，我就见过同事家的孩子有满屋子的奥特曼，一个奥特曼就得好几百块钱，出去玩的时候，只要孩子要求或者只要家长高兴，还会源源不断地买，我不知道给孩子买那么多奥特曼意义何在？我还见过一个朋友不仅不停地给孩子换手机，还一直为孩子在手机里存五千块钱的话费，相对于我每次只给孩子充五十最多一百元话费，朋友充的简直就是天文数字！我不明白父母这样做是出于一种什么样的心理，是因为父母与孩子在一起的时间太少，想通过这种方式表达对孩子的爱？还是因为现在流行的一种观念"女孩要富着养，不能让她将来被人用一颗糖就骗走了"？抑或是家长就是有钱，平时就是这么出手大方？可是手机是有辐射的呀，孩子用多了肯定对身体有影响，父母不为孩子的健康着想吗？孩子把那么多时间花在打电话发短信上，家长不担心会影响孩子的学习吗？我们小区有个乒乓球室，有个孩子每次打球的时候都会买一堆冰淇淋，而且专买那种最贵的。如果球打输了，他就会摔乒乓球拍，一只球拍好几百甚至上千块，他摔起来一点也不心疼。我就纳闷，家长是怎么教育这孩子的？家长知道自己的孩子有这种表现吗？知道了不会着急吗？每次看到这样的家长和孩子，我都会提醒自己一定要严格把关，不能让自己给孩子留下铺张浪费的印象，更不能让孩子养成大手大脚的习惯。对于儿子的有些物质要求，我不会一口回绝，但也不会满口答应，我会利用这个机会提一些条件，让儿子有所付出，给他设立一个奋斗目标，这叫做有条件满足；对于那些我认为可以满足的要求，我也会把满足时间适当推后，让孩子学会等待，这叫做延缓满足。买iPhone的事，因为钱的数额比较大，而且到美国再买的确更合适，所以我坚信我的安排是对的，儿子应该能够理解。没想到儿子看问题的角度是："我学得那么认真考得那么好，难道不值得奖励吗？""妈妈可以买那么贵的包，我就不能买手机吗？"没错，我们各有各的理，问题在于孩子正处于叛逆时期，想问题容易走极端，家长坚持原则难免恨铁不成钢。这也许就是孩子成长过程的必经之路，是家长必然会面对的挑战。

儿子去美国后没再跟我提买iPhone的事，一年之后我从视频里看到他已经有了iPhone，我问他啥时买的，他说差不多都半年了，是用自己打工赚的钱买的。我们俩会心一笑。

妈妈喝点水吧

儿子端水给我喝不光能解渴，
还能清除我们之间的障碍，
儿子给我的水很珍贵啊！

儿子从小有一个很特别的动作，那就是端着一杯水走到我面前，然后轻轻地对我说："妈妈喝点水吧！"

作为独生子女，儿子并非天生懂得孝敬父母。作为母亲，我平时也像大部分家长一样对儿子疼爱有加，不会刻意教育孩子给父母端茶倒水，儿子那么小按理说不会那么细心体贴。

但是儿子第一次端水给我喝真的深深震撼了我！

那是一个周末，儿子照例练了一个小时的钢琴。我在旁边陪伴和监督，同时还忙着给他翻篇，看到他弹得心不在焉马马虎虎，我强忍着怒火不客气地指出了他的几处错误并要求他重弹，没想到儿子十分恼怒地对我说："那你来弹一个！"听到这话，我的脑袋嗡的一下要开裂了！我的确不会弹琴，可我多么希望我会弹啊！多么希望我小的时候有条件学琴啊！正因为我自己不会弹，没有机会学，我才会想方设法为儿子创造条件，现在孩子居然这样说话，我感到伤心极了，眼泪在眼眶里直打转。为了避免正面冲突，也为了不让自己的眼泪掉下来，我默默地走开，坐到了沙发上。儿子明显觉察到了什么，他赶紧调整状态，开始认真弹起来。弹完琴他发现我还是坐在沙发上不愿说话，表情还是那么严肃，马上意识到问题有点严重。我虽然没有爆发，心里却像沸腾的火山。这孩子怎么这么不懂事？我坚持让他学琴难道错了吗？怎样才能让孩子明白我的苦心呢？如何才能解决眼前的问题？揍孩子一顿？揍完之后孩子肯定会难受，我也肯定好受不了，这招显然使不得；忍气吞声当什么也没发生？孩子显然是在挑战我的权威，有第一次就会有第二次，置若罔闻肯定会助长孩子的气焰，不给他敲敲警钟显然也不行。就在我心里翻江倒海苦寻对策极度难受的时候，只见儿子端着一杯水走了过来。看得出他意识到了自己的莽撞，极力想放松自己，但还是有些紧张。“妈妈喝口水吧！”儿子说，尽管他的声音不大，我的心还是一下被融化了。孩子少不更事，但并不是刻意想伤害我，我们常说不能得理不饶人，更何况我现在面对的是一个不懂事的孩子。我猛然发现我的沉默其实就是最好的解决办法！孩子虽然说话不知轻重，但他也有思想，也有自尊心，我给他留了面子，我的克制足以让他感到惭愧，他主动过来献殷勤说明他并不是不能明辨是非，同时也表示他有认错的表现。我和儿子相视一笑，彼此没作任何解释就缓解了之前的紧张气氛。等到钢琴老师来家上课，我假装轻描淡写地把他的话学了一遍，老师很了解我的性格，这时对我的话心领神会。“有本事跟老师说这话呀！”老师将了他一军，儿子一阵羞愧，从那以后儿子再也没有说过类似的“混帐”话。俗话说“响鼓不用重敲”，我是把儿子看成响鼓，偶尔轻轻地敲一下。通过这件事我了解了儿子的性格，明白了教育孩子得讲究策略，不能凭一时冲动弄得两败俱伤，所以我暗自庆幸当时克制住了自己的情绪。

通过这次较量，我和儿子之间逐渐形成了这样的默契：儿子表现不好时我会保持沉默而不会直接批评他，比如他有网瘾的时候，比如他学习成绩滑坡的时候，但我会让他感觉到我不仅觉察到了问题的存在，而且还给他留下了改正错误的机会。每次看到我沉默不语、心情不好，儿子都会猛然警觉悬崖勒马，然后会端杯水过来小小地“贿赂”我一下。他似乎很有把握一杯水足以把事情摆平，而我一般情况下也会见好就收。说来也怪，我们这种表面看起来不温不火甚至有些客气的解决问题的方式效果奇佳，他每次都能及时调整自己，而我也一直保持着我的严而不厉。

实际上，儿子从小就知道我这个妈妈虽然很疼爱他，但对他的要求也是很严的。上小学时他还曾羡慕过别人的妈妈好说话，可慢慢地他感觉到我虽然严格，同时也很宽容，到了高中聪明懂事的他完全体会到了我良苦用心，上大学后基本上就不再需要我的管理和监督了。孩子常有的叛逆期在我儿子身上几乎没有什么体现，即使出现问题我们也能很快解决。我想我和儿子之间能建立起这样的默契是因为我们从一开始就打好了基础，儿子很清楚妈妈视他为掌上明珠，但决不是没有原则的溺爱。

我一直认为儿子如果养成坏毛病肯定是我的失职，等孩子大了再去想办法拨乱反正会很危险，所以即便儿子还很小，我有时也不得不表现出严格的一面。我母亲看到我管教孩子，曾开玩笑地对我说孩子将来肯定更喜欢爸爸，因为爸爸从不说孩子的不好。我知道老人家的意思其实是心疼孩子，也怕我过于认真自讨苦吃，她常说的一句话是“多栽花少栽刺”，但我相信我的真诚和责任心孩子是会明白的。事实证明，我对孩子的严格管教反而赢得了孩子更多的尊重。说实话，我很佩服自己的胆识和远见，当然也佩服儿子的乖巧和悟性！

我把我和儿子之间这种解决问题的方法叫做“斗智斗勇”。我认为家长与孩子的相处过程从某种意义上来说就是一个斗智斗勇的过程。在这个过程中，如果家长占绝对优势，孩子要么会变得战战兢兢，要么会阳奉阴违；如果孩子占绝对优势，家长要么伤透脑筋，要么听之任之。很多有困惑的家长或者有问题的孩子很可能就是因为一方把另一方斗垮了。要想在家长和孩子之间建立起一种和谐的关系，家长与孩子的斗智斗勇必须是双赢——家长用智勇双全征服孩子，孩子用智勇双全抚慰家长，只要一方过于强悍或懦弱，双赢的局面就不可能出现。

客观而论，无论家长还是孩子，其实都希望关系融洽而不希望关系紧张，因此良性的斗智斗勇是家庭幸福的重要保证。如果想培养出身心健康聪明懂事的孩子，家长要想办法营造好斗智斗勇的气氛。我的经验是孩子的乖巧固然重要，家长对分寸的把握更为关键，对孩子过于宽松势必造成对孩子的溺爱，对孩子的过于严厉无疑会造成对孩子的伤害。我的儿子从来不会怕我，但他会怕惹我生气，因为我生气时表现出来的宽容会比愤怒给他带来更大的压力；看到我生气他会紧张，但不会无动于衷，而是会想办法迅速让我消气，因为他从小就知道我不会钻牛角尖，不会得理不饶人。我很感谢命运对我们的眷顾，让我有机会明白和风细雨比暴风骤雨更有力量，让儿子有运气成为既聪明又善良的孩子。

儿子端水给我喝不光能解渴，还能清除我们之间的障碍，儿子给我的水很珍贵啊！

给妈妈的信

儿子信中那句“妈妈，我爱你！”让我感到莫大的慰藉，
因为我觉得孩子需要学会说这句话，
家长也应该让孩子发自内心地说出这句话。

儿子小时候虽然天天和妈妈在一起，但还是通过邮局给妈妈寄过两封信。

第一封信大概是在上小学时写的。有一天我打开家里的信箱，发现有一封“火星人QQ崽”写给我的信，开始我还觉得有些奇怪，后来才突然意识到可能是儿子写给我的。虽然信里面的语言有些稚嫩，但我还是很受感动，儿子的突发奇想和调皮可爱让我感觉很幸福。只可惜因为搬家，不知这封信现在收藏在哪里了。

第二封信是在高中时写的，寄信人地址是清华附中。这封信是这样写的——

亲爱的妈妈：

不知您是否能按时收到这封信，但我还是要对您说一句：

“祝您节日快乐！”

记得第一次我对“三八妇女节”有概念是在很小的时候。那

天您出去有事了，我便在家里把抽屉里的东西收拾得整整齐齐，等您回来的时候脸上满是欣慰的笑容。现在我长大了，能做的事也就更多了。但也就是因为能做的太多，反而不知道该为您做些什么了。本来想或许可以给您买一份礼物，您一定会很高兴，但我觉得那种高兴不一定能last（持续，妈妈注）很久，想来想去，就写下了这封信。

一转眼，十六个年头了。您总是感叹时间过得是多么的快，我却不这么认为。十六年，妈妈您陪我经历了许多事。您陪我练琴时总是那么认真，有一次家里停电了我还在弹，楼下的人都有意见了，您还是用那即使在黑暗中我也能感受到温暖的笑容，安慰我说："不理他，我们继续弹。"我能明白，那时我弹的钢琴在世界上不一定是最好的，但在您的眼里一定是最动听的。我真的希望时间快点过去，我长大了，成人了，也要好好照顾您！

也许是因为爸爸不常在家的缘故，咱俩感情特好！以至于我现在有时还幼稚地跟您撒娇……呵呵，其实您儿子可能只有在您面前才会这样，因为在您面前，我不需要掩饰什么，想干什么就干什么！

最后再说一句："我爱你，妈妈！"

您的儿子：胡宸

2006年3月6日

我小的时候也会给父母写信，印象里那个时候写信更多的是写一些套话，比如"我一定要好好学习天天向上"、"您一定要好好注意身体”。与其说是写信，不如说是表决心喊口号，千人一面，老调重弹，最重要的是那时我们不知道说——当然也不敢说——“我爱你”这样的话，顶多会说“我想念你”，有的时候干脆就是歌里面唱的那个“此致敬礼”。现在的孩子因为电脑手机的快速发展，一般都是给父母打电话发邮件，通过邮局给父母寄信应该是很少见的了。但我想说的是，看到儿子的信，泪水从我的眼里流淌下来，感觉儿子是这个世界上最可爱的人。最感动我的是，儿子的信几乎没有什么客套，完全就是真情流露，这是时代的进步，也是爱的教育取得的成果。记得著名影星成龙在一个电视节目里说过，他从来没有用中文向他爱的人说过“我爱你”，但如果是用英文说“I love you”，他会觉得很容易很自然，用中文说则说不出口。我当时就觉得成龙大哥的话很发人深省。中国有句俗话叫“可怜天下父母心”，意思是说父母没有不疼爱孩子的，可为什么中国人不会说“我爱你”呢？中国孩子为什么很少对父母说“我爱你”呢？这恐怕与我们的表达方式有关，也可能与我们教育孩子的方式有关——我们要么对孩子过于严厉，要么对孩子过于溺爱，结果不是孩子怕父母，就是父母怕孩子。我就观察到很多孩子不敢当着父母的面讲话，有些孩子对父母阳奉阴违；而父母为避免有问题的孩子走极端，干脆对孩子百依百顺，很难建立起一种平等和谐的关系。我的父母虽然没有给我创造出很好的经济条件，但在情感教育方面是很成功的。记忆里我的父母不仅没有打骂过我，连重话都没说过一句，他们无私而宽厚的爱让我从小就懂得我的上进能使父母开心，我的成功能让父母欣慰，我的失败会让他们比我自己还难过。我有了孩子之后，物质上的满足已经不再是难事，情感上的培育才是对我的考验，我要让儿子知道我给他的是关爱，而不是宠爱或溺爱，这对儿子好好学习和好好做人起着决定性作用。儿子信中那句“妈妈，我爱你！”让我感到莫大的慰藉，因为我觉得孩子需要学会说这句话，家长也应该让孩子发自内心地说出这句话。

不让看表演

儿子不让我看表演让我彻底醒悟：
父母到一定的时候要学会给孩子留空间，让孩子自己去经历和面对一些事，家长可以关注，但千万不要不顾孩子的感受或者自以为是地过多参与。

父母对于孩子的成长过程不仅是见证者，同时也是参与者和守护者。父母密切关注孩子的成长，情绪自然会被孩子的喜怒哀乐所左右。从这个意义上来讲，由于过度关心而产生过激反应对父母来说似乎就很自然，比如孩子考试失败了，过于着急的家长可能会说出“你怎么这么笨”或“你怎么这么不懂事”的话来；如果孩子成绩好，过于骄傲的家长可能会对孩子万般宠爱，对孩子其他方面的不足视而不见。这种种过激反应不仅会害了孩子，苦了家长，更可能给将来种下恶果。可以毫不夸张地说，家长对孩子的成长过程能不能把握好分寸直接影响着孩子的成长，做父母需要不断地学习和提高才能成为成功的守望者。

儿子上北大附小时，校门一般是敞开的，家长可以随便出入，我经常有机会走进学校，甚至有机会和老师接触，对于儿子的学习情况及各种表现，我基本上可随时了解。可是进了清华附中之后，情况就完全不一样了，送孩子只能到校门口，接孩子也只能在校门外面等，进学校得有充足的理由，比如天气突然变化，需要家长给孩子送衣服或雨伞，或者老师有事要见家长，家长要向门卫说明情况，否则门卫室是不让进的。这也许是因为中学的学习更紧张，学生和老师都很忙，学校管理更严格，家长随便进入校园会影响学校的正常秩序。由于以前没有面对过这种情况，清华附中的做法让我很难适应，儿子平时在学校究竟是什么情况，比如他和哪些同学关系好，班上哪些同学更优秀，儿子在同学们眼中是个什么样的人，他有哪些优缺点等，我很好奇却没有办法去了解。

终于有一天，我似乎看到了机会。儿子告诉我他们有文艺演出，他将作为校乐队的架子鼓手登台。家里没有架子鼓，只买了鼓锤，尽管知道儿子在学这种乐器，但我从没见过他打架子鼓的模样，再说幼儿园和小学有演出一般都会欢迎家长去学校，我又刚从日本买了摄像机，想给儿子拍点录像，于是我向儿子提出要到学校观看表演。没想到儿子断然拒绝，我据理力争，儿子还是态度坚决。“如果你真要去，我就不上台了！”他说。

我当时的失望可想而知，我不理解儿子为什么是那种反应，这孩子到底怎么回事？是他对自己的表演没有信心吗？还是他不希望我带给他压力？还是他不希望我见他的同学或老师？我百思不得其解。过了很长时间，我找了个机会问起个中缘由。儿子说学校一般不让家长去学校，同学们也对家长去学校很反感，曾有家长带着一堆礼物去了他们班，尽管大家都得到了礼物，结果还被同学认为是在显摆。“你带着摄像机在那儿拍我，肯定不招人待见。”儿子直截了当地告诉我。儿子的话让我恍然大悟，我这才意识到尽管我跟儿子关系密切，有时候也要保持一点距离，尽管我是出于对他的关心，但我的这种关心并不是他想要的。我忘了儿子早已不是幼儿园那个时刻需要父母呵护的幼童，也不是小学那个经常需要父母陪伴的少年，他已经在不知不觉中变成了成熟并且独立的男子汉。

说实话，不光不能看儿子表演这件事让我觉得遗憾，更大的遗憾是儿子在清华附中度过了六年时光，我居然没有机会给儿子留下一张校园照片。清华附中校园很美，每每回想起开家长会时在校园看到的点点滴滴，就后悔没有利用仅有的几次参加家长会的机会留下几张合影。直到现在我还经常想找机会回去弥补一下，可是人变了，时间变了，感觉也就变了，这件事看来只能成为我心中永远的遗憾。

就在我写这个故事的前一天，我偶然看到了一张儿子在美国交流期间制作的演出海报。这是一张儿子和中外同学同台表演的照片，儿子在弹电子钢琴，看着他激情四射十分陶醉的样子，我不禁想我当时能在现场该有多好！可能许多家长都有我这种向往，但是天地那么广，孩子经历的事情那么多，长大之后的孩子就像翱翔在蓝天的雄鹰，我们哪能时时刻刻跟着他们、件件事情陪他们一起经历呢？想着想着我似乎豁然开朗起来。

是啊，没有我的参与，儿子一样能学打架子鼓，一样能上台表演，一样能收获成就感。从他能独立完成架子鼓的学习和表演，我逐渐意识到他在学习上其实早已显示出他的独立性。好像从他很小的时候起，我们就已经不需要检查他的作业，不需要帮助他解决难题，而他的学习成绩始终保持着良好的发展势头。他一直把写作业、解难题看成是自己的事情，我能明显感觉到他享受着学习带来的快乐，印象中他从未出现过不愿写作业、不愿上学的情况，从没表现出倦怠或者厌学，相反他总是能轻松拿下一次次考试，实现一个个在别人看来不太容易实现的目标。面对逐渐长大的孩子，我的过度热心和关心是不是就是一种过激行为呢？

儿子不让我看表演让我彻底醒悟：父母到一定的时候要学会给孩子留空间，让孩子自己去经历和面对一些事；家长可以关注，但千万不要不顾孩子的感受或者自以为是地过多参与，给孩子一些自己的空间和发挥的机会也许会效果更好；过多参与不仅会破坏孩子的生活节奏，给孩子带来压力，甚至可能造成孩子与家长之间的冲突。儿子当时反应那么强烈，肯定与这些因素有关，他在老师和同学们面前的表演已经不像幼儿园和小学时是简单的完成老师布置的任务，而是一种积极主动的能力展示，儿子希望能自由发挥，不想受到任何约束，家长应该理解孩子的这种心理。

独立性强的孩子可能会为自己争取到独立的机会，独立性差的孩子往往在父母的过度关心和爱护下变得越来越没有独立性。我看到有的孩子凡事都得请示家长，自己不敢做任何决定，而家长不是万能的，如果遇到家长也做不了决定的事情这些孩子该怎么办呢？我也经常看到很多家长对孩子不信任、不放手，比如马上要出国留学的孩子，家长还要带着去培训学校报名，完了还要每天向学校了解孩子的学习情况。家长这样做表面上是关心孩子，替孩子着急，为孩子把关，可孩子出国之后遇到问题又怎么解决呢？家长能跑国外去解决孩子的问题吗？如果孩子自己能解决，在国内的时候为什么不能让孩子锻炼一下呢？孩子的不能干要么是家长惯出来的，要么是孩子懒出来的。家长的惯可能是出于惯性，孩子的懒何尝又不是惯性在起作用呢？要想孩子将来飞得更高和更远，家长是不是应该早点学会与孩子保持好距离呢？

儿子不让我看表演也许只是个偶然事件，但这件事情没有我们想象的那么简单，它让我明白对于已经长大的孩子父母要把思路放宽一些、把眼光放远一点，不能因为目光短浅把爱变成孩子翅膀上的黄金。我庆幸儿子让我及时调整了心态，不然我会很难坦然面对儿子后来的留学生活。

妈妈别生气

儿子说得对，在某种意义上来说，
我们仨都有点傻，如果傻能给我们带来幸福，傻一点有什么不好的呢？

我不知道诺贝尔和平奖的获奖标准是什么，但我想如果有家庭诺贝尔和平奖的话，我们家应该有得奖的可能，因为我们家有一条不成文的规矩——不吵架。

我并不是说我们家没有矛盾，没有生气的时候，恰恰相反，我们家的矛盾和问题一点也不比其他家庭少。比方说，经济条件不好带来的窘迫、孩子刚出生时遭遇的慌乱、性格不合时感到的绝望、孩子叛逆时出现的恐慌……但无论情况糟糕到何种地步，我们没有经历过面红耳赤的争吵，更没有爆发过拍桌打椅的战争，每次出现危机基本上都能巧妙的化险为夷。

老公是典型的心太软而且颇爱面子，我只要说话声音稍微大一点，他都会紧张兮兮怕我生气、恐人看见，所以无论他占理还是理亏，一起冲突他就会赶快让步，绝不让战火升级。在我的记忆里，老公不但没跟我发过火，就连大声说话也没有过，所以他是我们家维护和平的第一功臣。我是个性子很急却不会吵架的人，虽然平时能说会道，但如果累了烦了受委屈了，我只会默不做声不说一句话，实在受不了的时候就一个人躲在一边睡觉或者发呆，基本上也算是个爱和平的人。刚结婚的时候遇到我生闷气，老公会有些不知所措。慢慢地他发现虽然我看起来很生气，但实际上他只要略施小技我就会由阴转晴，基本上不会得理不饶人或者无理取闹，他便练就了一身让我前一秒钟气得想哭后一秒钟破涕为笑的本领。可以说，在一起生活二十多年，我们夫妻俩没有真正拌过嘴吵过架。

可是有一天，我因一件烦心事崩溃到了绝望的边缘，无论老公说什么做什么都难以熄灭我的怒火，最后我冲出家门跑到了楼下。也许是第一次有这么极端的行为，也许是离娘家太远我无处可去，我并没有跑多远，而是坐在院子里的一把公共座椅上直喘气。刚坐下没多久，我就看见在我后面追出来的儿子，他一把抓住我的手说："妈妈别生气，我们回家去，他那么傻你还生他的气呀？"儿子语气很轻松，表情一点也不显着急，好像我们三个是在玩游戏。说来也怪，听到儿子的话，我的气马上消了，不知不觉乖乖跟他回了家。见我回到家里老公微笑地看着我，仿佛在说看你跑到哪里去？你的本事能大得过儿子吗？

这是我唯一一次让儿子看到我真正跟老公生气，以前看到我不说话他都会直接走到爸爸面前问："老实交代，你又干什么坏事了？"老公往往笑而不答，我一般也会因为儿子替我说了话而放老公一马，所以在儿子心目中老爸是个很傻的人，这次儿子仍然以为老爸只是犯傻，没有什么大不了的。

的确，我跟老公生气并不是因为我们之间真有什么大问题，我只是因为心情不好或者过于劳累才会偶尔钻一下牛角尖。自从有了孩子，儿子的存在给我带来了很大的压力，老公每天早出晚归忙事业，虽然也很辛苦，但感觉比我自由，我大部分时间呆在家里，家务活以及孩子的吃喝拉撒睡全靠我一个人，有时真的觉得很无奈很无助。但孩子是自己的，我又做不到把孩子放心交给其他人，所以再难熬也坚持着，偶尔闹闹脾气便成了我的一种发泄方式，老公甚至说我跟他撒气就对了，不然找谁去撒呀！

儿子的一句“妈妈别生气”像是天使传来的声音，一下驱散了我心中的阴霾。我突然发现渐渐长大的儿子已经知道如何安慰我，如何在父母之间穿针引线，突然明白为什么孩子是老天馈赠给我们的礼物，孩子在让我们享受天伦之乐的同时也让我们获得勇气面对生活中的失意和痛苦。如果儿子对我的负面情绪麻木不仁甚至心生不满，我可能真的会走进死胡同，所以儿子的话是对我最大的安慰。儿子要我别生气，我还有什么理由继续生气呢？自从有了这次经历，我发现我的脾气慢慢变得平和起来，对人对事多了许多理解和宽容，儿子的话居然成了化解危机抚慰心灵的灵丹妙药！我们家之所以能营造出温馨的感觉，我认为儿子也是功不可没。

自从儿子上了大学，我再也没有跟老公生过气，在外面也比以前开朗多了，因为我会时刻记住儿子的话，再怎么不开心也不要用生气来解决问题。更让我欣慰的是，现在儿子的话不光对我来说一句顶一万句，对爸爸也是如此。一次我和儿子视频聊天，偶然说起我的手因为洗衣服皮都洗破了，儿子听了很是心疼，马上跟我说应该让爸爸洗衣服。我把儿子的话开玩笑似的讲给爸爸听，没想到爸爸从此真的开始洗衣服了。每次出差之前，无论工作多么忙，他都会把该洗的衣服洗掉，出门之前还会反复叮嘱我把衣服留在那里，等他回来再洗。儿子出国之前，老公除了给刚出生的儿子洗过尿布片基本上没有做过任何家务活，现在能坚持洗衣服，我想不是因为儿子这种改变是不可能发生的。以前奶奶来我家总是帮我们洗衣服，如今奶奶过来老公会反复跟她说不要洗我们的衣服，因为那是他的任务。儿子的话这么管用，我不得不服啊！

其实，老公洗的衣服并不多，稍微复杂一点不好打理的衣服我还是会趁他不在的时候处理掉，一是因为他真的不怎么会干活，二是因为他的时间真的有限。但不管怎样，他能把洗衣服当作一项重要的任务来完成，说明他很重视儿子的感受，他是在享受自己的付出，有这样的享受他能不开心吗？

每个人生来都有自己的个性，能力大小也不一样，如果我们只注重自己的感受和自己的利益，那么彼此的尊重和关爱就很难建立起来。我不知道别的家庭是如何处理相互之间的关系的，就我成长的环境来说，我的父母都是很真诚、勤劳并且善良的人，不善于勾心斗角，不会伤害他人，他们那一代人也许不像我们善于表达，但他们在生活中表现出的点点滴滴对我是很好的潜移默化。在物质条件和文化水平大幅提高的今天，我更加希望我的家庭成员真正相亲相爱、关系融洽。应该说我的运气很好，在我们一家三口的共同努力下，我的愿望实现得还不错。儿子特别开心的时候经常会跟我说一句话：“我们三个好好的，我们三个都傻兮兮的！”

儿子说得对，在某种意义上来说，我们仨都有点傻。但如果傻能给我们带来幸福，傻一点有什么不好的呢？

去美国交流

“好钢用在刀刃上”，
聪明的父母应该把钱用在该用的地方，
让金钱成为有助于孩子成才的天使，而不是成为腐蚀孩子心灵的魔鬼。

高一下学期的一天，儿子在放学路上跟我说了一件事——学校有个去美国的交流活动。说完之后，他向我表示不想参加。

直觉告诉我儿子对这个交流活动不是没有兴趣，只是有一些顾虑。原来交流活动只有十三个名额，成绩好表现好英语好当然是先决条件，他们高一年级共有十几个班，学生差不多有一千人，竞争无疑会非常激烈，儿子对自己能不能被选中没有把握。此外，交流活动得花好几万元钱，儿子不知道我们是否有这么多钱，是否愿意出这笔钱。了解情况后，我鼓励他说：“能不能被选上是一回事，报不报名是另外一回事，报了名而没被选上咱们没办法，但不报名妈妈觉得不应该，有机会咱们不能轻易放弃。至于钱的事你不用担心，妈妈会想办法。”尽管那时我对这种交流究竟效果如何没有十足的把握，对几万块钱也不是不心疼，为了鼓励儿子争取一次锻炼的机会，我还是毫不犹豫地说了上面那番话。儿子第二天果然去报了名。过了几天儿子告诉我，他被选上了，说是报名的女生居多男生很少，所以他很幸运地被选上了。听得出儿子很为这个结果感到高兴。

整个交流活动的时间跨度将近一年。首先是确定人选，然后是美国那边的学生先来中国交流，半年之后这边的交流生再去美国。自从确定参加交流活动之后，我发现儿子明显有了变化。一是学习热情空前高涨，对英语学习尤其是口语一下重视了许多，对其他学科的学习也更加认真起来。儿子会思考一个问题——都要去美国跟人家交流了，成绩不好拿什么交流？二是在家表现也有所提高，对爸爸妈妈更加亲近更加关心，因为他知道很多优秀的孩子可能是因为家里没条件或者不愿出钱才没能参加的，他现在得到了机会，所以对爸爸妈妈心存感激。

现在国内很多学校都组织这样的交流活动，不同家长对这件事有不同的反应。有的家长因为家里经济条件比较好，会毫不犹豫答应出钱，他们让孩子参加是想给孩子提供一次旅游或者开眼界的机会，不一定会趁这个机会督促孩子学习，孩子往往也不知道珍惜，到了国外也只是走马观花看看热闹。有的家长即使有钱，也不让孩子参加这样的活动，他们不相信出一次国能改变什么，甚至有的还怀疑学校从中牟利。还有的家长因为自己经济上不很宽裕，认为学校组织这样的活动是在拉大贫富差距，让没有条件的家长和孩子难堪，我前不久就在报纸上看到过一篇这样的文章。从社会的角度来讲，家长的种种理解也许不无道理，但从培养孩子的角度来看，家长们也许应该根据具体的情况作具体的分析，多站在孩子的角度思考问题。如果孩子有兴趣，家长也有能力，花点钱让孩子出去增长一些见识没什么不好，但是不要以为出了钱就万事大吉，还得动脑筋让这钱花得值；如果孩子没有做好准备，家里的条件也不具备，为了虚荣花钱随便出趟国，当然不值得提倡。家长为了培养孩子肯定都要花不少钱，我认为如何在孩子身上花钱是一门很深的学问，过于大方和过于抠门都不能帮孩子树立正确的金钱观和人生观。“好钢用在刀刃上”，聪明的父母应该把钱用在该用的地方，让金钱成为有助于孩子成才的天使，而不是成为腐蚀孩子心灵的魔鬼。

可以毫不夸张地说，参加这次美国交流活动改变了儿子的一生。儿子从小看着我们艰苦奋斗勤俭节约，所以不会把我们花钱让他去美国看成理所当然，在我认可并鼓励他参加这次活动之后，本来就很懂事的他格外珍惜这来之不易的机会，他要好好利用这次机会证明爸爸妈妈对他的支持不会白费。事实证明这次交流的确奠定了他知恩图报、展翅高飞的基础。作为学生，儿子一直勤奋好学，但时间长了也会出现倦怠和松懈。爸爸妈妈偶尔推动或调整一下会帮助他保持良好的状态，会使他越飞越高。妈妈看到了这一点，儿子自己也意识到了这一点，去美国交流应该说是我们母子俩心有灵犀共同努力的结果——我们不是单纯地为去美国而去美国，也不是单纯地去学习，更不是单纯地去玩一趟，而是去寻找下一个努力的方向。从美国回来，儿子果然确立了他最重要的人生选择——去美国上大学。

Eric住我家

送走Eric，儿子有了明确的奋斗目标——狂学英语，用儿子的话说就是“不能在美国给中国人丢脸”，“要让美国人知道中国孩子也很优秀”。

经过一段时间的等待，美国那边的交流生终于要来北京了。迎接美国孩子那天，儿子非常激动。第一次有机会近距离接触美国小孩啊，我们家还没有住过外国小孩啊，不激动才怪呢，儿子这样告诉我。

把美国伙伴领回家的时候，儿子已经了解到这个美国小孩也从小学钢琴，而且也对作曲感兴趣。一进家门儿子就悄悄跟我说：“妈妈您真伟大，让我学了钢琴，不然就傻了。”嘿嘿，没想到学钢琴在这个时候还成了骄傲的资本。

美国小孩名叫Eric，不仅人长得帅气可爱，而且对人彬彬有礼，特有教养，我们全家人和他一见面就喜欢上了他。儿子是个满脑子都是想法的人，为了和Eric有更好的交流，跟我们提出了三点要求：一是我们不能跟Eric讲英语，要假装不会讲；二是他跟Eric讲英语的时候我们不能老在场；三是不能对他指手划脚，要让他自己充分发挥。我说儿子以前怎么一直不在我们面前讲英语呢，原来是担心我们会笑话他啊！人们常说“近乡情怯”，难道孩子走近爸爸妈妈从事的领域也会胆怯？儿子太有意思啦！我们巴不得儿子这次能积极主动独挡一面，不给他任何压力，所以对他的要求心领神会。

由于有钢琴作为桥梁，两个人在钢琴上各自演奏了自己的拿手曲目，气氛很快活跃起来，两个孩子很快成了好朋友。在两个星期时间里，儿子和Eric同吃同住，一起弹钢琴，一起去学校上课，既有生活上的体验，也有学业上的交流，感觉就像亲兄弟。因为是独生子女，儿子一直就很高兴有别的孩子来我们家，Eric的到来无疑给他带来了惊喜。只是Eric基本上不会讲汉语，一天到晚都得讲英语也给儿子带来了考验。

周末的时候，我们带着Eric逛北京城，吃了北京烤鸭。Eric以前没有来过中国，对北京的一切都感到新鲜。比方说，他从来没有在餐桌上见到过一只完整的鸭子，尤其是没见过鸭头，看到我们点的烤鸭，他觉得太不可思议了，拿着像机拍了许多照片，说是要带回去给爸爸妈妈和朋友们看。儿子则边吃边用英语给他作介绍，遇到不会表达的地方就向我们请教——完全忘了他要求过我们要假装不懂英语呢。看到两个在完全不同的环境中长大的孩子那么融洽那么开心，我们也觉得非常开心。我们的热情和儿子的优秀让Eric觉得他的中国之行非常有收获。

时间过得飞快，Eric要回美国了。细心的儿子买了一本中国名曲五线谱作为礼物送给Eric，Eric除了感谢儿子，还很礼貌地对我说了句："Thank you for being my Chinese mother."(谢谢您做我的中国妈妈。)我们像亲人离别一样依依不舍。

长期以来，我们过着闭关锁国的生活，很多外国人对我们中国人存有一些偏见，我们也对外国人缺乏真正的了解。真正接触了解之后发现大家不仅能沟通，而且还能交朋友。学校组织的交流活动不仅为孩子们打开了一扇了解世界的窗口，同时也为孩子们提供了更多的学习动力。从这个意义上来说，参加交流活动有百利而无一害，家长们应尽可能为孩子创造这样的机会。

送走Eric，儿子有了明确的奋斗目标——狂学英语，用儿子的话说就是“不能在美国给中国人丢脸”，“要让美国人知道中国孩子也很优秀”。虽然小学就开始学英语了，儿子对学英语的理解一直停留在应付考试上，考个好成绩之后就万事大吉，绝不会自觉主动地去钻研，尽管他知道爸爸妈妈都是英语老师，对他的英语水平可能会有相对较高的期望。韩国之行虽然让他蒙蒙胧胧知道了英语的重要性，那种感觉也只持续了一段时间，落实到行动上还需更大的动力。现在去美国已经有了明确的时间表，儿子明白把英语学好已经完全没有退路没有选择，因此学英语的积极性真正被调动起来了。我知道儿子是个很要强很有毅力的人，一旦确定目标，他一定会全力以赴，取得骄人的成绩。Eric的到来对儿子的改变是根本性的，儿子在最关键的时候认识了Eric，真的感谢Eric来到我们家！

微软总部行

微软总部行不仅让儿子充分领略了发达国家的魅力，
同时也为他今后奋发图强播下了希望的种子。

儿子的交流学校是位于美国华盛顿州的Gig Harbor School（Gig Harbor 高中）。由于微软总部在离华盛顿州不远的西雅图，儿子的交流活动里安排了参观微软总部。

很巧的是，我们有个名叫张小凤（英文名Ashley）的大学同学在微软总部工作。这个同学比我高一届，我跟她曾经同住一个宿舍，而且是上下铺，所以关系不错。张小凤大学毕业不久去了美国，在美国哥伦比亚大学拿到了博士学位，在微软已经成为一名高级主管，从她的办公室可以看到比尔·盖茨的办公室，说我这个同学是个超级牛人一点也不夸张。

儿子曾经在北京见过一次张小凤阿姨，因为张阿姨也有个儿子，不仅和他一样大，而且英文名也和他一样叫Daniel，所以对张阿姨留下了深刻的印象，到微软后自然想到了去找张阿姨。我们不知道儿子参观微软总部具体是什么时候，也不知道儿子能不能自由活动，所以事先并没有跟老同学打招呼让她接待，儿子找到张阿姨完全是他自己的决定和自己想的办法。

热情的张阿姨不仅带着儿子和他的同学参观了许多一般人不能参观的地方，深度了解了神秘的微软，还带着他们到食堂吃了饭。最让孩子们高兴的是，张阿姨带着他们以内部优惠价购买了一些在国内很贵的软件，其中包括刚刚上市的vista系统。儿子本来就喜欢电脑，本来就对微软充满了向往，现在不仅来到了微软总部，还得到了张阿姨的帮助，心里自然非常激动和骄傲，收获肯定也大大超过了预期，与他同行的同学也觉得十分沾光。

儿子的微软总部行之所以有意外收获，表面上看是因为我们有同学在那里，实际上也是儿子自己努力的结果。首先，儿子具备较强的沟通能力。无论是在原来我们生活的学校，还是在我们现在居住的小区，儿子不仅认识的人多，结交的朋友也多，用一位邻居的话说他是“男女老少通吃”。说实话，他不仅和同龄人玩得来，与比他大很多的成年人或比他小很多的小孩子，一样也有共同语言。因为他的交往能力，我们经常会因为他新认识好多人。由于他从小就善于交往，如何与张阿姨见面以及如何得到张阿姨的帮助，自然也不需要我们教他，他完全是靠自己找到了张阿姨，而张阿姨也像接待朋友一样接待了他。作为老师，我们平时有机会接触很多孩子和家长，发现现在的家长们很喜欢为孩子找关系求关照，孩子们往往躲在背后等着家长铺路，家长把一切都安排好之后他们才出来，似乎他们的事是家长们的事。家长们乐意付出，孩子们乐意接受，这是典型的独生子女家庭面临的一种局面。这种局面令家长很累，孩子也很被动。我和儿子都不怎么认同这种做法，我会尽量创造机会让孩子自己解决各种问题，孩子也习惯自己的事情自己处理，我参与太多儿子反而会不高兴。所以儿子从小就很有独立性，沟通能力比一般孩子强。

其次，儿子的英语水平的确令人刮目相看。张阿姨在上大学时英语口语就很出色，她的发音曾经得到国内英语界泰斗李赋宁先生的首肯。在美国生活二十多年之后，她说英语几乎就是地地道道的美国人。儿子用英语和张阿姨交流过后，张阿姨对他的英语水平很是赞赏，想不到他在国内居然能把英语学得那么好。张阿姨的夸奖可能有溢美之词，但如果儿子的水平的确太差，张阿姨也不会盲目夸奖，这自然也说明了她为什么会对儿子热情款待。

最重要的是，儿子拥有阳光开朗的性格。从上幼儿园起，儿子就深受老师和同学们的喜爱，在家里也一直是个听话懂事的孩子，走出去经常会受到别人的夸奖。张阿姨后来跟我们说，她真的很喜欢我们的儿子，觉得他阳光帅气，身上有一种特殊的吸引力。

当然，儿子的微软总部行最大的收获，还是看到了中国和美国在科学技术上的差距。作为当今世界上最富裕最发达的国家，美国在很多方面都值得我们学习。到美国之前儿子肯定已经知道这个事实，但微软总部行不仅让儿子充分领略了发达国家的魅力，同时也为他今后奋发图强播下了希望的种子。

在华盛顿州政厅演奏

儿子会弹钢琴可能并不是一件多么了不起的事情，
现在会弹钢琴的孩子不是一个两个，
一起参加交流的同学中会弹琴的肯定也不止他一个，
了不起的是他在关键时刻抓住了机会。

从美国一回来，儿子就很兴奋地告诉我：他在华盛顿州政厅表演了钢琴独奏！

那天他们的活动是参观华盛顿州政厅。来到富丽堂皇的会议厅，他们发现那里有一架很漂亮的钢琴，工作人员隆重介绍了钢琴的历史，就在大家对那架钢琴赞叹不已的时候，儿子的交流伙伴Eric突然灵机一动，提议让他演奏一曲！

大家都觉得Eric的主意不错，儿子也很大方地坐到了钢琴上。

儿子定了定神，一首《彩云追月》悠扬地飘荡起来。钢琴的音质很好，空旷的大厅产生出回音，形成了一种很独特的音响效果。儿子的表演也十分精湛，所有在场的人都陶醉了。

演奏完毕，大家爆发出一阵热烈的掌声。

儿子既紧张又兴奋：虽然以前在学校给同学们有过表演，虽然那首曲子他已经弹得滚瓜烂熟，但在异国他乡，在外国人面前，在那么正式的场合，他的表演还是头一回，他没想到自己发挥得那么出色，大家的反响那么强烈！

同学们可高兴了：在美国呆了那么多天，一天到晚都是美国的东西，突然听到熟悉的中国乐曲，那种感觉甭提有多亲切了！

老师们也很吃惊：事先根本没想到安排学生作这方面的准备，临时让学生表演能行吗？现在胡宸同学不仅表演了，而且还表演得不错，这胡宸同学还真有两下子！

儿子会弹钢琴可能并不是一件多么了不起的事情，现在会弹钢琴的孩子不是一个两个，一起参加交流的同学中会弹琴的肯定也不止他一个，了不起的是他在关键时刻抓住了机会。

这机会还要从Eric住我们家说起。两个素不相识的孩子，来自不同的国家，因为交流而相识相知，钢琴成了连接他们的一座桥梁。Eric来到我们家之后，儿子对钢琴有了新的认识：以前练琴是出于兴趣爱好，现在练琴是为了和Eric有更多的交流，因为两个孩子同样喜欢音乐，同样都有学弹钢琴的经历，这可不是一般的巧合。Eric离开中国的时候，儿子费了很多心思为Eric挑礼物：送吃的穿的太普通，送贵重的东西太庸俗，赠送的礼物一定要充分表达自己的心意。想来想去，儿子想到了买一本展示中国音乐的五线谱。Eric非常高兴，我也暗自为儿子的聪明拍手叫好。

Eric离开北京之后，儿子对练琴的态度有了明显的变化。之前很长一段时间里，儿子练琴不是心不在焉，就是敷衍了事，因为不指望他搞专业，我也对督促他练琴日感疲惫，心里时不时打起退堂鼓。

给Eric的礼物让我突然有了灵感，我何不趁机试探一下儿子是否真的要放弃钢琴？于是有一天我对儿子说：“你都送Eric五线谱了，如果你到他家的时候他能把中国曲子弹得很好，而你却一个都不能弹，你到时会不会很丢人？”听到这话，儿子愣了一下，很快就和我一起挑选了一首我们认为不错的曲子。

这首曲子就是《彩云追月》。

经过几天的试弹，儿子很快就能完整地弹这首曲子了。

因为想着要展示给Eric看，照着谱子弹肯定是不够的，还应该把整首曲子背下来。

儿子是个做事很认真的人，没过多久他就能把《彩云追月》背下来了，但背得再熟，练习也不能停下来。钢琴就是这样，一日不弹手就会生疏。为了使练习不那么枯燥乏味，除了继续弹《彩云追月》，儿子慢慢想起了弹一弹其他弹过的曲子。就这样，不用我提醒，儿子每次练琴的时候都会复习几个原来弹过的曲子，练琴时间也自然会延长到我要求的一小时。

在那半年时间里，儿子练琴不再是一种负担，相反成了一种享受。到他去美国交流的时候，他已经准备了许多中外钢琴名曲，比如肖邦的《摇篮曲》、柴可夫斯基的《四小天鹅舞曲》、莫扎特的《土耳其进行曲》、贺绿汀的《牧童短笛》等等。弹着这些曲子，儿子从心底里泛起一种快乐，这使我明白了儿子前一段时间为什么抵触练琴——没有目标啊！孩子毕竟是孩子，看问题很难看得那么深那么远，让他们为了一个看不见的目标持之以恒、锲而不舍，无异于强人所难，很多大人都不一定能做到，更何况一个不懂事的孩子？现在儿子能享受弹琴，正是由于Eric带来的动力。由此我得出的经验是，要想孩子把一件事做好，必须首先解决好认识问题，不然很难得到预期效果。

为什么儿子在华盛顿州政厅演奏时选择《彩云追月》，而没有选择其他曲子？儿子说，他也不知道为什么就选了那首曲子，反正就觉得在美国弹中国曲子肯定是对的，也许《彩云追月》有什么特殊含义？儿子说这话的时候，我分明看到他脸上洋溢着诡秘的笑容。

《彩云追月》这首曲子，对儿子来说的确意义非凡，它是儿子学琴史上的一个里程碑，它让儿子牢牢记住了妈妈曾为他及时敲响警钟，它让儿子深刻体会到了什么叫做“机会只留给有准备的人”。他的演奏成功了，同学们觉得自豪，老师们觉得骄傲，就连美国老师们也不得不承认中国孩子真的很棒！

挑战新托福

儿子考托福并没有花太多时间钻研考试技巧，
相反他是在认认真真学英语，
扎扎实实为国外的学习和生活作准备。

儿子考托福的时候，正赶上新托福实施不久。对于中国考生来说，新托福的出现意味着更大的挑战。相对于老托福，新托福不仅由笔考变成了机考（即所谓的iBT），而且考察更全面、各项技能相互渗透、题量明显增加，加上可参考的资料少，可借鉴的技巧还没总结出来，一时间托福考试令广大考生谈考色变。

儿子一共考了两次托福，第一次考了100分，第二次考了106分。

第一次是在决定去美国上大学三个月之后，之前他有个同班同学考了113分的好成绩，儿子既受刺激又受鼓舞。尽管准备的时间不长，儿子还是考了100分，不算太好，但也不算太差，刚好够申请美国前50名的学校。儿子跟我开玩笑说："我这人就是会节约，就考100分，够用，但一分也不多。"

尽管这样调侃自己，但儿子心里对成绩并不满意。那天从考场出来，儿子就跟我说，他的作文写砸了。题目问"你同意节约是解决能源危机的唯一办法这个说法吗？"儿子在第一段确立观点时选择了“同意”，写到一半时他已经觉察到自己的观点没有选好，写起来很费劲，如果选择“不同意”，写起来会容易得多，但考场上时间有限，改变观点已经来不及了，只能硬着头皮写到底。我做过很多托福写作辅导，学生中有很多取得过不错的成绩，可是儿子考前我并没有刻意对他进行指导，只是随便抽出一些原来的考题让他写，发现他的作文水平还不错，发挥正常的话拿满分30分应该是有可能的，没想到他的临场发挥出了问题。成绩出来后，他的作文果然只有27分，确实不是他的真实水平，儿子有些不服气，决定再考一次。

过了两个星期，儿子第二次走进托福考场。由于有第一次成绩垫底，儿子在考场上放松了许多，最后考了106分，作文得了30分。

通过儿子的托福考试，我观察到两个特点：一是成绩优秀的人的带动作用很大；二是实力决定分数。

那个考113分的同学，与儿子初中时就是同学，儿子在实验班，她在“龙班”，一直是班里的英语科代表，曾多次在英语比赛中获奖。这个同学的妈妈也是英语老师，可能是她的妈妈有办法，也可能是女孩子天生对语言更有天赋，她的英语成绩一直稳定而出色，考出113分的成绩固然很不简单，但也属于预料之中。儿子的英语如我前面所说一直不温不火，决定去美国之后才奋起直追。虽然我相信儿子有潜力，托福能考多少分我还真没有绝对的把握，像他那样的高中生考80分左右都属正常。儿子去考试的那天早晨，爸爸还跟他开玩笑说：“小孩子也参加托福考试啦？”但我认为同学考113分肯定给他树立了一个标杆，差太多儿子不能接受，超过可能性也不大，所以第一次考100分属于很正常的情况，同学起到了很好的带动作用。

朋友的带动也很重要。儿子有个很要好的朋友，他比儿子大七岁，在北京邮电大学读本科，毕业时决定去美国，他考的是老托福，成绩是650多分，也属于超级牛人，后来被美国一所大学以全额奖学金录取，并且是硕博连读。儿子受他影响很大，毫无疑问会把他当成学习的榜样，我们对这个朋友的带动也充满了信心。

实际上，我平时对儿子的学习成绩本身并不是那么看重，我更关注他周围的同学是什么水平，只要他周围的人很优秀，我就相信儿子不会太差，如果他在优秀的孩子里面也出类拔萃，那他肯定是从优秀上升到了卓越。很多家长愿意为孩子慷慨解囊选择一所好学校，无非也是想给孩子提供更好的环境，让孩子被带着往上走，这种想法肯定是有道理的。但我认为，通过孩子自身的努力进入好的学校或好的班级，效果更好，毕竟自然生长比人工移植根基要扎实得多，因此家长帮助孩子择校的重点应该放在培养孩子自己考进好学校或好班级。

我曾经辅导过一名外地考生，他就读于当地一家非常有名的中学。据介绍他来的朋友说，这孩子准备上美国Top 10(前十)的学校，他自己也充满了自信，因为他在班上英语成绩是最好的。而我上课时发现，这孩子基础并不怎么好，英语作文不仅篇章结构有问题，逻辑思维不清楚，语言表达也很吃力，唯一可圈可点的是他的词汇量还比较大。第一次上完课后他心里很不服气，觉得自己的水平没有老师说的那么差，过了很长一段时间才慢慢认识到自己的确存在差距。这孩子其实很用功，问题是他没有接触过真正优秀的人，对托福考试的理解还存在一些误区，比如过分重视背单词、不注重运用能力的培养。如果他身边有真正的高人，我相信他的水平也会水涨船高。

现在的孩子可以说是在考试中长大的，为了考出好成绩，孩子往往会追求所谓的考试技巧。毋庸置疑，掌握一些好的考试技巧，尤其像了解出题思路和解题方法，对考试是有帮助的。但如果一味追求考试技巧而忽略水平的真正提高，结果可能会欲速不达或者事与愿违，即使考到好成绩也有可能是高分低能。托福考试之所以要改革，就是因为老托福很多时候不能反映考生的真实水平。儿子考托福并没有花太多时间钻研考试技巧，相反他是在认认真真学英语，扎扎实实为国外的学习和生活作准备。可以说，儿子的考试成绩反映的基本上就是他的实际水平，对于这样的水平我已经相当满意。

一战SAT

儿子在SAT考试中取得的成功又一次证明了实力的重要性。
我很少见到孩子在这么短的时间里取得这么好的成绩。

SAT(Scholastic Aptitude Test或Scholastic Assessment Test)是由美国ETS(Education Testing Service)组织的“学术水平测验考试”，是美国高中生进入美国大学的标准入学考试，俗称“美国高考”。中国学生如果仅凭托福成绩几乎不可能被美国前30名顶尖大学录取，大部分名校都要求申请者同时提供TOFEL和SAT成绩，因为托福主要考察语言能力，SAT主要考察逻辑思维能力，两个考试侧重点不一样。为保证能被好一点的学校录取，儿子决定考SAT。

2007年国内还没有设SAT考点，国内考生只能去香港或者其他周边国家参加考试，儿子报名时香港已经报满了，最后只好选择了去新加坡。

我们以前没有到过新加坡，第一次去就是参加考试，心里不免有些不踏实。经打听，我们有个大学同班同学在中国驻新加坡大使馆工作，我们赶快想办法联系上了这位同学。签证住宿之类的麻烦事同学很快都在那边替我们办好了，就连考场在什么位置，同学都提前替我们侦查好了，我们心里一下觉得轻松了许多。

考试时间是在2007年国庆节期间，我和儿子坐飞机到了新加坡。在飞机上，儿子还在认真做题，一会儿把单词卡拿出来背一背，一会儿把试题拿出来做一做。我暗想，儿子准备好了吗？能一次搞定吗？如果要考几次的话，我可就惨了，花时间不说，还得花一大堆机票钱。我教的学生里面就有考很多次的，我得作好儿子考几次的准备。

到新加坡的时候已经是深夜。同学在大使馆给我们安排了一套房子。也许是新加坡有些闷热，也许是因为初来乍到，儿子显得有些兴奋，一点睡意也没有，但考试就在第二天上午，我好不容易劝儿子睡下。

第二天一大早，同学就把我们送到了考场。儿子进考场后，我就在指定地方等他考完。我发现陪孩子考试的家长真不少，而且大部分都是从中国大陆去的。这时我才突然意识到，去美国读大学没有想象的那么容易，并不是有钱就能解决问题，竞争一样很激烈，考生一样要付出努力，要想进入好学校更是要出类拔萃才行。

当然，去美国上大学相对国内高考还是有一个优势，那就是国内高考每年只能考一次，美国高考一年可以考六次，只要你愿意，你可以一直考，而且可以用你最好的成绩申请你想去的学校。这对于千军万马同时挤一个独木桥的中国考生来说，无疑有很大的吸引力。

儿子从考场出来的时候表情看上去还比较轻松，我心想应该考得还可以。我向来不会在儿子考完之后多问什么，儿子愿意说我就听着，不说我就不问。我知道，考完就结果已定，问与不问结果都是一样的，何必多此一举制造紧张？考好了是惊喜，考砸了下次再来。考完之后，我们在老同学的带领下开开心心地领略了花园国家新加坡的魅力。

成绩很快出来了，儿子考了2100多分。一般考生都希望能上2000分，因为美国前50名的大学要求考生达到2000分，前20名的大学则要求达到2200分。儿子的分数可以进前30名的大学，我心里的石头终于可以落地了。

儿子在SAT考试中取得的成功又一次证明了实力的重要性。我很少见到孩子在这么短的时间里取得这么好的成绩，最重要的是，儿子没有参加任何考前培训，就算家里有两个现成的老师他也没有利用。后来我问过他是怎么做到的，他回答说："其实我从小学英语就有压力，老师都说我守着两个国宝级的人物，学不好太丢人，学得好是应该的，我现在只能豁出去了。"老师说我们是"国宝级的人物"肯定是夸张的说法，目的是为了激励儿子在英语学习上能够脱颖而出。原来儿子看似轻松的背后也承受着巨大压力，看似唾手可得的成绩也是脚踏实地换来的，决不是天资聪明运气很好那么简单。在此我想提醒一下所有立志去美国上大学的孩子，一定要认真学习英语，严肃对待考试，千万不能投机取巧寻找所谓的捷径，只有能力和分数成正比的时候，考试成绩才会有保障，只要你端正态度刻苦钻研，就一定能实现自己的目标。

再战SAT

儿子从考场出来的时候，他们把儿子围了个水泄不通，
不仅向他打听各种信息，还要求留下他的联系方式，
当时的场面让我觉得儿子好像成了明星。

儿子的目标是进世界上最好的商学院——沃顿商学院。拿到SAT成绩之后，儿子并不是很满意，为了增加录取的可能，儿子决定再考SAT II。

原来SAT还分通用考试和单科考试。通用考试又叫推理测验(Reasoning Test)，测试内容包括阅读、写作和数学，通常被称为SAT、SAT I或New SAT，满分为2400分。单科考试又叫专项测试(Subject Tests)，测试内容包括数学、物理、化学、生物、外语(包括汉语、日语、德语、法语、西班牙语)等，统称SAT II，每科满分为800分，一次最多可考3科，满分也是2400分。美国大部分学校只要求提供SAT成绩，只有个别院校及专业要求提供SAT II的单科成绩。

对于儿子的决定，我当然表示支持，于是儿子在网上报了名去香港参加考试。在香港，我同样遇到了许多来自内地的考生和家长，他们大多来自深圳，可能是离得近，很多孩子是由父母两人陪同过来的。

孩子们在考试，家长们在等待区自然聊起了孩子和考试。从闲聊中得知，那些考SAT的孩子托福成绩上100的并不多，有个江西女孩是省三好学生，她的托福考了103分，其他家长得知后纷纷向这个孩子的母亲取起经来，等他们知道我的儿子成绩是106分，他们简直都羡慕死了。儿子从考场出来的时候他们把他围了个水泄不通，不仅向他打听各种信息，还要求留下他的联系方式，当时的场面让我觉得儿子好像成了明星。

儿子的SAT II考的是他的强项数理化，成绩是2360分，离满分2400分只差一步之遥。对于儿子越来越出色的发挥，我体会到了一种丰收的感觉。儿子从小打下的基础终于使他破茧而出，公交车上那个好奇心十足的小男孩、深夜坚持写完假期作业的小学生、计算机房那个刻苦训练的参赛选手……一幅幅熟悉画面在我脑海不断闪现，一幕幕动人情景反复出现在我眼前，而陪他一路走来一路精彩的那个人永远是我，我能不觉得丰收了吗？

曾经有个朋友对我说："你儿子的优秀是因为他本身优秀，不一定是你培养出来的。"朋友是清华大学硕士毕业，由于种种原因她没有成为陪伴孩子成长的人。因为她的孩子与我儿子是初中同学，她对我儿子的情况有一些了解。对于朋友的观点我不认为没有道理，家长在孩子身上下足功夫孩子还是没有多大出息的例子俯拾皆是，这说明孩子的优秀与否，不是家长一厢情愿就能决定的，孩子本身也很重要。我向来认为我的儿子本来就很优秀，但我并不认同孩子的优秀是由先天决定的，相反我认为孩子需要陪伴、需要引导、需要关爱，孩子必须在健康的环境中成长才会有健康的体魄和美好的心灵，然后才会有很强的认知能力和学习能力。不幸的是，现在的孩子拥有这种成长环境的不多。有的是因为家里经济条件太差，父母忙于挣钱糊口，没有精力照顾孩子，只好把孩子交给老人；有的是因为父母事业心太强，一心扑在事业上，表面上他们自己带着孩子，实际上却没有在孩子身上花多少心思，孩子自然成了牺牲品，很多自闭的孩子就出自这样的家庭；还有的却是因为家里条件太好，父母认为既然有好的条件自己就应该好好享受，于是整天忙于健身美容玩时尚、游山玩水打麻将，就是不愿把时间精力花在孩子身上，还理直气壮地说他们的孩子已经很幸运，因为家里请了保姆，孩子可以饭来张口衣来伸手。他们对孩子也出手大方百依百顺，是典型的只管养不管教，我不知道这种家庭的孩子长大了会怎么看待他们的父母。

从经济上来讲，我后来完全有条件请人带孩子，但我觉得孩子需要的不仅仅是吃饱穿暖，他还需要母爱，还需要生活中有活生生的role model(角色模型)。比方说，我如果给儿子的印象是个爱家爱孩子的人，儿子将来也有可能爱他的孩子爱他的家；我现在找借口不管孩子，儿子将来也可能不把他的孩子当回事；我现在爱卫生爱整洁，儿子以后也可能会有好的生活习惯。这种种瓜得瓜种豆得豆的道理谁都明白，只是做起来不太容易。从事业上来讲，我也很有事业心而且在自己从事的领域小有建树，也喜欢站在讲台上和学生们分享一些成功的经验或者失败的教训，但我不能因此把孩子转交给老人或保姆，因为养育孩子是父母的天职，我要尽我的能力亲自培养孩子，不然我会认为自己不配当这个妈妈。从个人享受上来说，我并不是一个保守落后的人，我也爱时尚爱漂亮，爱旅游爱交友，但我更懂得在合适的时候作出合适的调整。由于儿子的存在，我的确舍弃了很多享受的机会，但这种舍弃我认为是值得的。

对于儿子的优秀，我不敢说我起了决定性作用，但我敢说作为母亲我没有玩忽职守。因为我的付出，孩子的父亲曾经跟我说过这样的话："我感谢你，不仅是因为你把儿子培养得很优秀，更重要的是你没有让儿子学坏，以他的智商，学坏了可能就不是一般的麻烦。"老公的理解和我的理解是一样的，儿子的健康成长离不开父母的精心呵护和辛勤哺育，儿子的优异成绩是幸福之花的光荣绽放。

六遍《老友记》

听着儿子一口流利的美国口语以及绘声绘色的讲解，
我们不难想象他为什么能在不到一年的时间里
实现从一般英语水平到托福、SAT高分的飞跃。

儿子的托福、SAT考试能够一鸣惊人，与一部英语电视剧——*Friends*（中文译名《老友记》或《六人行》）——有着非常密切的关系。

儿子曾经告诉我，他上高中之所以能进“龙班”，主要是因为他的数学和语文成绩，数学是第一名，语文是前几名，英语却差到在班里属倒数之列。老师不禁怀疑地问他：“你爸是那个被大家称为‘胡雅思’的胡敏吗？”儿子当时羞得无地自容，因为爸爸的确是雅思、托福、SAT等英语考试培训方面的专家，是众多英语爱好者崇拜的偶像。

然而，英语为什么会成为儿子的软肋呢？一方面，爸爸忙于事业，的确没在他身上花多少时间精力，儿子从小没有养成依赖爸爸的习惯。另一方面，人们常说的“子承父业”只适合一部分人，另外一部分人可能会“远离父业”，最著名的例子是巴菲特的儿子成了一名音乐家而没有成为金融家。儿子是很独立的人，他从不认为父母的专业和职业跟他有什么关系，在学习上他更注重自己的兴趣而不是受别人的影响。在参加美国交流活动之前，他对英语的兴趣不是十分强烈，相反心里还有重重的负担——学好了是沾了爸爸妈妈的光，没学好会遭人耻笑，一段时间里产生过逆反心理。他的这种状况，我其实看得很清楚，但也只能等待合适的时机出现。

去美国交流果然为儿子的英语学习提供了转机。等他从美国回来，我知道他的英语已经脱胎换骨。当他告诉我他想去美国上大学时，我判断他的英语已经没有障碍了，所以我给他的回应是："妈妈可以从经济上支持你，但考试的事情得你自己搞定。"儿子完全明白我的意思，很自信地回答："好吧！"从那以后，儿子制订了自己的学习计划，学什么？怎么学？考什么？啥时考？统统都由他自己决定。虽然我完全可以帮他，但我想只要他不主动找我，我就不作任何参与，我要让他通过自己的努力实现自己的目标，决不能让他觉得他的事我可以替他做。

儿子的英语发音从一开始就很好，有一次在回家的路上他高兴地背起了课文，我感觉他不仅吐词清晰，而且轻松自然。儿子还有一个特殊爱好——听英文歌曲，他小的时候唱中文歌曲我并不觉得怎么样，可是唱英文歌曲却唱得有模有样。明确了考托福和SAT的目标后，他就开始尝试各种好的学习方法，比如自己制作单词卡片，自己在网上和其他考生交流学习经验。也许是听力和发音有优势的原因，他慢慢对看电视剧《老友记》有了很大的兴趣，每天放学回来就直接打开电脑看，写完作业他还会再看一会儿。

看到儿子对《老友记》那么痴迷，我一方面为他感到高兴，同时心里也有些担心。一是看电脑的时间长了对眼睛不好，我可不希望儿子以后成天戴着眼镜；二是《老友记》里面有很多成年人的东西，怕对儿子影响不好。果然，有一天儿子兴奋地对我说："妈妈，看《老友记》还真是有帮助呢，我现在知道pregnant是怀孕的意思了。"既然儿子能坦然地跟我提"怀孕"这个词，谈看这部电视剧的感受，说明学英语记单词的确是他关注的重点，我的担心很快烟消云散了。

儿子看《老友记》不仅训练了听力、口语，增加了词汇量，还让他了解了美国人的思维习惯和文化特征。后来美国布朗大学的一位面试官约他在北京五道口一家酒吧见面，两人都很惊讶对方的"外语"水平，面试官说他的汉语完全是通过看《我爱我家》学的，儿子说他的英语主要是跟《老友记》学的，于是两人因"英雄所见略同"而颇有知音的感觉。

儿子一共看了六遍《老友记》。第一遍是中文字幕，中间有二遍是英文字幕，后面三遍一般不用字幕，必要时调出中文字幕或者英文字幕。第一遍用中文字幕一是因为还听不懂英文，二是想先了解故事情节，以便对故事产生兴趣，什么也看不懂的话肯定无法坚持。看两遍英文字幕主要是跟听，因为字幕总是一闪而过，看英文字的速度也得到了很好的训练。最后三遍完全要靠自己听出对白，听不出来就倒回去把英文字幕调出来，特别难理解的地方还会调出中文字幕，这样印象会更深刻。最有意思的是，因为儿子这时的理解能力已经达到了一定的水平，他还能发现中文字幕中的一些错误。2010年我去美国看他的时候，发现已经读大三的他还会偶尔看一看《老友记》。他和里面的人物几乎成了朋友，每隔一段时间他就会想念他们。

一部电视剧无论多好看，都不可能让人愿意看六遍，除非他有特殊目的，比方说模仿里面的表演、把台词背下来之类。这使我回想起我上大学时学《新概念英语》的情景：每天跟着录音机读里面的故事，直到每个故事倒背如流，直到自己的发音和语音语调和磁带上的一模一样，直到把听力、口语、写作等技能通通拿下。儿子现在看《老友记》和我们那时学《新概念英语》应该属于异曲同工。

儿子出国那年春节前夕，爸爸特意买了一套《老友记》光碟送给我，说儿子那么喜欢的东西我也一定会喜欢，没想到儿子一把抢到手说："送给我吧！"然后就请我们一起在电脑上看了起来。屏幕上的故事一开始，儿子就给我们当起了讲解员，接下来哪个人物即将出场，下面是什么台词，他都如数家珍。听着儿子一口流利的美国口语以及绘声绘色的讲解，我们不难想象他为什么能在不到一年的时间里实现从一般英语水平到托福、SAT高分的飞跃。六遍《老友记》，一遍一个样，我们不能不佩服儿子创造的奇迹。

人大英语角

我不清楚儿子为什么选择去人大英语角以及如何发现人大英语角的，我只知道人大英语角对他的口语和留学生活起了很大的帮助作用。

通过看《老友记》，儿子已经学会很多英语表达法，加上去美国交流认识了许多在北京——尤其是在清华——留学的美国留学生，儿子在考完托福和SAT之后马上开始了留学的下一个准备工作：狂练口语。

北京有许多英语角，如北大英语角、清华英语角、人大英语角、北外英语角、朝阳文化馆英语角，其中最有名的是人大英语角。据维基百科介绍，人大英语角是中国最早也是最有名的英语角，已经有很多年的历史，举办时间是每周五晚上，地点在中国人民大学东门的小花园，每次参加的人数都在一千人以上。

2008年上半年，儿子成了人大英语角的常客。一到周五，儿子要么和一些已经拿到留美录取通知书的中国孩子一起去，要么邀几个美国留学生一起去。儿子说，在人大英语角，不仅能练口语，还能结交很多朋友。

有一天深夜，儿子从人大英语角回来带来了一帮朋友。第二天早晨起来，我们发现儿子的房间里住了好多人，床上睡了两个，地板上还躺着好几个呢。儿子以前从没带朋友来家住过，现在看到这么多小伙子聚在我们家，我们也觉得新鲜好玩，当即表示欢迎他们以后常来家玩。听着他们叽哩呱啦说英语，我们仿佛已经置身于美国。

儿子告诉我们，美国孩子很喜欢sleep over(在朋友家过夜)，于是带他们过来体验住在中国人家里的感觉。我们家还算宽敞，地理位置也不错，从客厅窗户向外望去还能看到鸟巢，再加上我们的热情好客，美国孩子很愿意到我们家作客。

中国孩子从小学习任务重，很少有时间交朋友，更别提和朋友在一起玩了，而邀朋友来家里住应该算是一件很奢侈的事，我想儿子已经向往已久。儿子已经拿到美国大学录取通知书，而且已经决定不参加国内高考，所以才在高三下半学期有时间结交校外朋友参加校外活动。我发现儿子不仅很喜欢结交朋友，而且交际能力还很强。这是我希望看到的，儿子很快就要离开我们独立生活，朋友会成为他宝贵的财富，善于与人交往将为他的新生活插上腾飞的翅膀。事实上，儿子到美国后对环境和语言的适应几乎没遇到什么障碍，在别人第一个学期必须学ESL（非母语英语课程）的时候，他从一开始就和美国孩子一样直接选择了难度很大的修辞学，并选了西班牙语作为第二外语。如果没有出国前的口语练习，儿子初到美国不可能实现这种飞跃。

儿子结交的校外朋友中，最要好的中国孩子是吴越。他来自北京101中学，这个眉清目秀彬彬有礼的男孩不仅擅长体育，性格开朗，文化课也学得很好，现就读于美国威斯康辛大学。儿子和他既在生活上互相学习互相关心，也在学业上互相交流互相鼓励，是不可多得的好哥们儿。

最要好的美国朋友是Justin，儿子去美国后第一个假期就去了他的家乡佛罗里达，受到了他们全家人的热情款待。由于没有语言障碍和文化隔阂，儿子说到他们家就有一种回到家的感觉。通过和他们的深度接触，儿子不仅体会到了美国人的热情好客，同时加深了对美国生活的了解。

儿子去人大英语角的时候，经常有吴越和Justin陪伴，在人大英语角他收获了成功和喜悦。曾有人这样介绍人大英语角：

这里是北京规模最大的英语角；

这里是每周英语达人的精神家园；

这里有大学生思维的碰撞；

这里有上班族走下职场的休憩；

这里还有国际友人大谈特谈NGO。

这里很草根，

这里很鲜活；

这里有友谊，

这里有浪漫。

这就是我们的英语角，

周五晚不见不散。

练口语有很多种办法，在我们学英语的70年代末80年代初，网络、电视还没有出现，见个老外都不容易，我们只能靠收音机听听BBC或者美国之音，然后反复模仿播音员的语音语调，练口语时找不到伙伴就自己和自己展开对话。尽管那时的条件不能与现在同日而语，但那时同样也出过许多优秀的人才，同样也能区分出优秀与平庸。我不清楚儿子为什么选择去人大英语角以及如何发现人大英语角的，我只知道人大英语角对他的口语和留学生活起了很大的帮助作用。在这里，我要提醒想出国留学的孩子们，对出国考试要狠下功夫，考完之后更要对口语有足够的重视。去英语角也好，看电视剧也罢，目的都是把口语练到家，千万不要以为拿到录取通知书就万事大吉，如果等到了国外才开始练口语，不仅浪费时间，而且浪费金钱。反过来说，口语上的优势会使你如虎添翼，会使你的留学生活从一开始就精彩纷呈。

放弃高考

对于想出国的孩子，
到底要不要参加国内高考，
实际上是很多孩子和家长十分纠结的一件事。

在同意儿子去美国上大学的同时，我给他提了个条件，那就是得参加国内高考，儿子想了想说：“那好吧！”

我的想法是，不拿到美国大学的录取通知书，去美国上大学就没有保障，如果美国去不了，参加高考可以为孩子留一条后路，说白了我是想有个双保险。其次，作为高考过来人，我深知参加高考对人生会有什么样的影响，你可能是厚积薄发，可能是一鸣惊人，也可能是一失“分”成千古恨，高考改变一个人的命运，高考决定一个人的未来。尽管我对国内高考一考定终身并不赞同，我还是希望儿子能够接受一次这样的洗礼。当然，我还有一点好奇心，想了解经过十几年的付出和努力，儿子到底能考出怎样的成绩，陪伴儿子一路走来，我也想看看自己能有什么样的收获。

在种种思想的指导下，我对儿子的学校学习一点也没放松，儿子每天还是早出晚归去上课，忙忙碌碌写作业。尽管准备托福和SAT考试需要花费大量的时间和精力，高二时儿子还是一门功课也不落下，各种考试也照样参加。不中断高中学业其实是对的，美国大学录取学生时不光看托福和SAT成绩，还要看高中各科成绩和各个方面的表现，没有高中成绩或者高中成绩太差肯定会影响录取，好的GPA（学生各科成绩的平均积分点）对拿到offer（录取）显然是有利的。

到了高三，因为上课内容全是高考复习，不学新知识，儿子对上课完全没了兴趣，等拿到美国大学录取通知书后，儿子就跟我说："妈妈，我不想参加高考了。"

我心里并不希望儿子就这样放弃，我同时也明白儿子当初答应我参加高考只是他的权宜之计。但我的想法仅仅是我的想法，我不能把我的想法强加给他，再说面对现实我已经没有说服他的理由。我只好对他说："你自己看着办吧，你觉得没必要就不考，你要是想考妈妈也不反对。"儿子见我的态度有所改变，知道他偷偷制定的计划终于成功了。高考那天，我带着儿子在一家书店买书，正好碰到一位老熟人，他很惊讶儿子为什么没有参加高考。我跟他说儿子已经拿到美国大学的录取通知书了，没必要参加高考了。这位朋友还是说了句："不参加高考，你的人生不完整呀！"可见参加高考在国人的心目中是多么的根深蒂固。

其实，儿子最终说服我不参加高考是因为他独到的分析："我随便考考呢没有意义，我认真考吧，如果取得好成绩被好大学录取了，我占着名额而最后又不去，我岂不是害了别人上不了好大学？"儿子的话不无道理，按他的水平考个一流的大学可能性还是挺大的。据说儿子所在的"龙班"那年高考的平均分是670分左右，很多人都进了北大清华，如果儿子参加高考，的确有可能影响别的考生上好大学。反过来讲，儿子如果心里一直惦记着高考，他的出国考试和出国前准备也会受影响，一心二用有可能导致两头落空。没想到，儿子小小年纪，思考问题还很周全。通过这件事，我明显觉得儿子真的长大了、成熟了。

对于想出国的孩子，到底要不要参加国内高考，实际上是很多孩子和家长十分纠结的一件事。我的想法可能代表了很多家长的心声，儿子的经历则对正面临选择的孩子是很好的参考。无论最后是否成功留学，高二的学习是绝对不能放松的，相反还要尽可能提高自己的水平，这样不仅会使你对自己更加充满信心，最关键的是你可进可退。进可以帮助你提高托福和SAT成绩，儿子的SAT II考2360分就是最好的证明；退可以为你的高考打下更扎实的基础，而把英语学好不仅对出国有用，对高考也很有帮助。高二的学习对出国和参加国内高考同样重要，而且一点也不矛盾。有的孩子因为基础不是太好，或者因为家长可以通过关系为孩子弄到像样的高中成绩，高二就全力以赴学英语，其他科目则完全放弃。这种做法应该是迫不得已的情况下才采取的办法，因为它可能会让孩子觉得只要有办法就什么事情都能办成，不下苦功挖掘自己的潜力照样可以留学，给今后的留学生活和学业发展留下隐患。高二结束之后，如果留学决心很大，外语水平也还不错，就不要犹犹豫豫脚踩两只船，而要毅然决然切断高考的退路，全力以赴考好托福和SAT。除此之外，还要花很多时间练习口语，作好出国前的各种准备，你的时间一点不会多余和浪费。这是我从儿子的经历中总结出的经验，也是许许多多成功走上留学之路的人留下的宝贵经验。

留学DIY

儿子的DIY一方面是想挑战一下自己的能力，
另一方面是好强的他想替我们省下中介这笔开支。

儿子拿到美国大学录取通知书基本上是DIY(自己完成的)。

可能很多人都会觉得不可思议，爸爸妈妈都是教英语的，从事的就是与留学有关的工作，为什么不在留学这件事上帮孩子出出主意、帮点什么忙呢？孩子为什么要自己动手呢？

从家长的角度来讲，我们肯定希望能助孩子一臂之力。但我们不会主动出击，孩子自己想尝试，我们决不会阻止他，相反我们会鼓励他支持他。这既是相信孩子、尊重孩子，更重要的是让孩子接受锻炼。

从孩子自身来看，他从小就很独立，很有主见，而且也非常有能力，他不会轻易相信我们的指点，他很清楚哪些事需要靠父母，哪些事他可以自己搞定。留学首先要解决的问题无疑是留学的费用，在儿子决定要留学的那一天，我就承诺过可以为他提供资金支持，因此儿子觉得我们已经很支持他了。后来有一天儿子还跟我开玩笑说："上好的学校，比如哈佛耶鲁什么的，你的投资大着呢，而且还有可能收不回来哟。"面对儿子的第二次试探，我还是毫不犹豫地给了他一颗定心丸："只要你能考上，妈妈就是自己不吃不喝砸锅卖铁也会供你的，你就放心好了。"儿子从小并不是过着养尊处优的生活，他知道爸爸妈妈赚的是血汗钱，聪明的他自然会掂掂这笔巨额开销的分量，见到我没有丝毫的犹豫和为难，他才彻底放心了。

其实，每一个留学生家长都要面对费用问题。有的家长可能经济条件比较好，拿着钱求孩子还不一定得到孩子的配合，我真的很替这样的孩子惋惜，也很为这样的家长悲哀。有的家长并不富裕，可是由于望子成龙望女成凤，借钱也要把孩子送出国，可怜天下父母心，我希望这样的孩子懂得珍惜。我还见过这样的家长，出钱不是问题，孩子也愿意好好读书，但家长会把孩子花的每一分钱都记下来，写成欠条让孩子签字画押，这种做法看起来有些不近人情，但我认为也没什么不对，孩子应该懂得回报父母，父母也只是借着欠条对孩子有所约束。我愿意花钱让儿子去美国上大学，完全是因为他有出国留学的愿望，我也有这个经济能力，我希望能为他多创造一些机会，并且相信他一定不会让我的钱打水漂。

费用问题搞定之后，接下来的难关是拿下托福和SAT。既然妈妈已经答应"慷慨解囊"，懂事好强的儿子就以此为动力发奋起来，果然没过多久他的英语就突飞猛进，看美剧、练口语、背单词，没有一样需要我们担心。等到托福和SAT取得好成绩，自己联系中意的美国大学似乎就水到渠成。我看着他自己写各种essay，打电话发邮件和美国那边的人交流，不但没觉得他有什么问题，相反认为他一切进行得有条不紊、轻松自然，儿子的留学DIY就这样开始了。

儿子申请的全是美国前50名的大学，材料没寄出去多久就拿到了其中一所大学的录取通知，但他最心仪的沃顿商学院却没有直接录取他，而是给他寄了一封延迟录取函。通过各种渠道，儿子了解了沃顿商学院，得知它近几年没有在中国大陆录取过一名本科生，儿子感觉自己被录取的希望很渺茫。果然，一段时间之后，正式的拒绝函来了，尽管早有思想准备，儿子还是伤心地哭了。

儿子的伤心引发了我对留学申请的一些思考。首先，我坚持认为，孩子自己联系学校无疑是一次很好的锻炼，但如果能咨询一些留学专家、对申请的学校和专业作更多的了解，使申请材料更加具有针对性，录取的把握就会更大一些。儿子的申请材料本身是具有吸引力的，问题是缺乏针对性，他申请的学校可能没有看到他们想要的东西，结果造成了申请失败。2008年北京的一名高考状元没有被美国任何一所大学录取，问题肯定出在申请方法上，中国人理解的成绩好就会被录取其实是一种误解。其次，选择留学中介的确可以节省时间、提高效率，尤其是在孩子学习负担很重、家长不懂英语的情况下，选择留学中介是必需的。需要注意的是，要仔细了解中介的专业能力和服务质量，只有好的中介才能最大程度挖掘你的优势，帮你联系到最适合你的学校。最后，儿子的DIY一方面是想挑战一下自己的能力，另一方面是好强的他想替我们省下中介这笔开支，如果知道可能会给他留下遗憾，我应该早告诉儿子不要过多考虑钱的问题。

好在儿子对他现在的学校还比较满意，有一天甚至还说了让我十分感动的话："没有进入最好的学校其实也是好事，说明我还要继续努力，我会记得我还有一个目标没有实现，等我终于实现这个目标的时候，我会更加有成就感的。"我相信儿子一定会有实现自己目标的那一天。

离别

我们并不希望看到儿子跟我们难舍难分，
相反他那跃跃欲试踌躇满志的样子让我们心里倍感踏实。

2008年8月10日，儿子踏上了去美国的旅程。

儿子离别之时恰逢我们国家也喜事临门。北京刚刚举办完世界瞩目的奥运会开幕式，各种奥运比赛项目刚刚拉开帷幕，作为中国人，我们沉浸在无比的喜悦和幸福之中。儿子马上就要离开生活了十八年的祖国，即将在大洋彼岸开始新的生活，作为父母，我们感到无比的骄傲和自豪。所以，儿子即将离开家那段时间，我们觉得是双喜临门。

然而，对于儿子的展翅高飞，我们的心情也很复杂，一方面是由衷的高兴，另一方面又是那样的不舍。十八年的辛勤培育终于开花结果，我们能不高兴吗？十八年的相依相伴，很快就要变成回忆，我们能不伤感吗？

该准备出国行李了，我带着儿子到商场超市购买各种必备的物品，什么衣服鞋子袜子，什么被子褥子枕头，该买的一样也不能少。虽然朋友们都说美国啥都有，而且也不比国内贵，带足钱就好了，我还是怕儿子到时人生地不熟不那么方便，只要行李不超重，就尽可能面面俱到。在商场里逛着逛着，我回想起了自己上大学之前的情景。那个时候家里没有条件给我买新东西，在国内上大学行李也相对简单，妈妈就把家里最好的我能用上的东西都送给了我，印象最深的是妈妈边替我缝被子边教我怎样缝。之前洗洗缝缝之类的事情我从没接触过，妈妈就跟我开玩笑说："到时被子脏了就派架飞机把妈妈接过去，这样妈妈就可以帮你洗被子缝被子了！"我当时并不明白，妈妈看似轻松的玩笑背后，其实隐藏着那么多的不安和不舍。现在我也像妈妈当年那样，跟儿子絮絮叨叨百般叮嘱，看来，"儿行千里母担忧"对于每个做母亲的来说，都是避免不了的。

相对于爸爸妈妈的骄傲自豪和依依不舍，儿子则更多地表现出对新生活的渴望和憧憬，对外面世界的好奇，新面孔、新环境、新感觉，一切都令他兴奋不已，他期待着这一天快点到来。说来也怪，我们并不希望看到儿子跟我们难舍难分，相反他那跃跃欲试踌躇满志的样子让我们心里倍感踏实。一直以来，我们随时随地为他遮风挡雨，从现在起他要完全靠自己搏击风浪，没有积极乐观的精神状态，会令我们放心不下。记得我的妈妈跟我说过，她当年把我送到大学后是抹着泪悄悄离开的，但看到我和同学有说有笑开开心心的样子，她不仅没有伤心难过，反而把一颗悬着的心放下了。我这时的感觉跟妈妈当年完全一样，只要孩子过得好，父母就会感到安慰，哪怕自己默默忍受着巨大的痛苦。要说父母为什么伟大，就是因为他们的爱是最无私的。

其实，孩子对父母不是没有感觉，对家不是没有留恋，只是随着他们的长大和成熟，他们对爱的理解有了新的含义：不能成为父母永远的包袱，要用自己的成功回报父母。我相信，儿子勇闯美利坚不仅是为了实现他自己的梦想，同样也是为了实现我们的梦想，儿子人可以和我们分开，心却永远和我们在一起。人类社会的发展需要我们有聚有散、有分有合，生活的意义也在于有付出、有担当、有等待，所以我不希望把儿子一直拴在身边，相反，我希望他有远大的志向，有崇高的追求。

可是，理智和情感的天平很难永远保持平衡。尽管儿子为成功的这一天付出了很多很多，尽管我们对即将到来的分离也作好了充分的思想准备，我们还是在离别时刻有两次抑制不住的感情爆发。

一次是在我们为儿子举行的欢送会上。当着亲朋好友的面，儿子和我深情拥抱，讲到一直以来我对他的精心照顾，为他做的每一顿饭，陪他走过的每一段路，儿子有些泣不成声，令在场的所有人都十分感动。男儿有泪不轻弹，不是情到深处，儿子是不会流泪的。

另外一次是在真正分离的那一刻。我们送儿子到机场，儿子进了检票通道，看到他远去的背影，我的心一下像被彻底掏空了，鼻子一酸再也控制不住号啕大哭起来，完全不顾周围还有那么多人，还有其他送别孩子的家长。我知道我要坚强，我知道我再怎么哭儿子还是会离开，我知道我也愿意儿子远走高飞，但我更知道我流下的不仅仅是悲伤的泪，同时也是幸福的泪，所以不如让我痛痛快快地哭一场吧！

入乡随俗

儿子在异国他乡能够敞开自己的胸怀，
能够学习别人的优点，同时能够展示自身的魅力，
我认为这是一件很了不起的事情。

儿子到了美国，第一件事当然是尽快适应美国生活。

按照惯例，新生入学之前，学校会安排好第一学年的住宿。儿子在准备出国的过程中认识了一位北京同学，两人不仅成了好朋友，而且进了同一所大学，因此相约去美国后住同一宿舍。可是等到联系好之后他们发现，宿舍四个人全部都是中国人，而不是他们原来以为的有一两个美国人。于是他们俩同时向学校提出要求重新安排。最后儿子被调到另外一个宿舍，与三个美国人同住。

完全和美国人住一起虽然不是儿子的初衷，但成为现实时儿子也没觉得不好，因此他采取的策略是既来之则安之。一方面，儿子在去美国之前已经接触过很多美国人，对美国人不会感到陌生，语言上也没有太大的障碍，所以心里没有觉得害怕。另一方面，和美国学生生活在一起，对了解美国文化和熟悉学校环境会有很大帮助，如果相处得好，说不定还是件好事，所以心中还多了一份期待。

果然，儿子很快喜欢上了学校重新安排的宿舍。美国人喜欢

橄榄球，儿子经常被他们拉去看各种比赛；儿子的数学比美国孩子好，他们就请儿子给他们辅导；美国人喜欢开party，儿子也学会了参加各种聚会；儿子会吹拉弹唱，美国人也各显其能。一段时间相处下来，儿子和那帮美国人已经打成一片，一点也不觉得自己是个“老外”。

第一个寒假，儿子没有安排回国。眼看就要过圣诞节了，儿子告诉我们，他被邀请去两个美国同学家，计划在两个同学家各住两个星期。听到消息，我们很为儿子感到高兴——初来乍到的，我们很是担心他会感到孤独，尤其是过节的时候，怕他一个人可怜兮兮的。现在能去同学家，而且是美国同学家，我们心里不仅仅是高兴，同时还感到很自豪。

两年后，我在芝加哥见到了其中一位美国同学的父母。他们见面就夸我儿子优秀，跟我说话的感觉完全就像是一家人，儿子说他们早已把他当成是他们家第四个孩子（同学有一对双胞胎弟弟）。早就听说美国人热情友好，和他们见面之后，我相信了人们对美国人的评价，也相信了儿子平时对我的那些报喜不报忧原来真的没有“骗”我。

儿子在与美国学生同住一段时间之后，不但学会了和美国人交往，生活习惯也发生了很大的改变。比方说，儿子出国之前一天到晚穿校服，换洗衣服基本上都是由我来安排，在美国他平时穿的是T恤衫和花格大短裤，正式场合则西装革履。儿子不仅学会了各种着装，还学会了把自己打理得干干净净。我仔细观察了他的美国同学，儿子的穿着跟他们的风格差不多，只是儿子可能更爱整洁一些。

再比方说，儿子的室友有一天带了一帮朋友过来开party，结果把卫生间弄得一塌糊涂。我当时正好在那儿，反正闲着也是闲着，正准备帮着把卫生间收拾一下，没想到儿子赶紧过来对我说："妈，你别管了，我让他们来收拾。"说完走过去客气地和那帮美国孩子打招呼，然后问他们卫生间是不是他们弄脏的，他们老老实实承认了，儿子说你们能去打扫一下吗？他们说"行"，立马动手把卫生间彻底打扫了一遍，就连不属于他们弄脏的地方也清理得干干净净。在一旁静观其变的我十分佩服他们的打扫水平，要知道他们不过是一帮孩子。换成国内的孩子，估计也就是随便收拾收拾，差不多交差得了；没想到他们不仅水平很高，而且态度也很好。当时我十分佩服儿子的勇气，敢直接跟美国人叫板，不用给室友留所谓的面子。我问儿子："你就不怕你的室友生气吗？不怕美国人今后给你小鞋穿吗？"儿子说那有什么好怕的，宿舍是他花钱租的，如果他不同意，他们是不能过来玩的，这是他的权利，应该是那帮美国人怕他才对。瞧瞧，典型的美国思维。

后来跟儿子聊天的时候，我们讨论到是不是所有留学生在美国生活一段时间后都能在语言、文化等方面实现突破，儿子说不一定，有的人在美国根本不与人交流，有的人交流对象多半是中国人，这些人不仅学习上存在困难，生活上也不那么开心，尤其是有些走极端的人，成天窝在宿舍里看国内的电视连续剧打发日子。儿子说他不能理解，为什么这些人要出来留学，在国内不是更好吗？

我同意儿子的观点，出国留学不仅仅是为了学习知识，同时也是为了学习国外的文化和提高自身的素质，最重要的是利用在国外的机会和外国人相互交流、取长补短，真正赢得别人的理解和尊重。在这里，我想说说让我印象特别深刻的两个很小的生活细节。一是去餐馆吃饭的时候，我会习惯性地自己去寻找座位，儿子这时就告诉我，在美国餐馆顾客都是由服务员引到座位上，顾客需要站在门口静静地等待，然后还告诉我这是对别人的尊重，同时也是一种涵养。另一个细节是他爸爸有次打喷嚏，也是习惯性用手把嘴遮住，儿子马上纠正爸爸说不能用手遮嘴，应该把手臂弯起来遮，因为用手遮嘴，手上会留下很多细菌，再拿东西吃就会把细菌吃到肚子里，跟别人握手还会把细菌传给他人，所以是很不卫生的。听到儿子的解释，我们只能心服口服。看来儿子真的已经入乡随俗，已经颇有一点“绅士”的感觉。如果不是真正深入了美国人的生活，用心观察过美国人的生活习惯，儿子不可能注意到这么小的细节，不可能给我们补充这样的生活常识。

我们常说活到老学到老，儿子在异国他乡能够敞开自己的胸怀，能够学习别人的优点，同时能够展示自身的魅力，我认为这是一件很了不起的事情。我们很感谢那些对儿子产生了影响的美国室友和同学，当然也很欣赏儿子为自己的成长和成熟所作的努力。

忙碌的留学生

每个学期多修几门课，
成了儿子的家常便饭，
一天到晚节奏很快忙个不停自然是不可避免的。

大学生活开始了，儿子的生活变得忙碌而充实。

首先，儿子忙于加入他想加入的学生团体。美国大学的学生团体不仅种类繁多，而且千奇百怪，比如有专业性很强的，有社会性很强的，甚至还有专门搞恶作剧整人的，学生一般都会选择自己喜欢的团体加入。中国留学生因为刚刚到美国，人生地不熟，为了互相有个照应，一般都会加入CSSA(Chinese Students & Scholars Association，相当于“中国同学会”)。儿子因为和美国学生同住，而且学的是商科，通过了解得知，最适合商科学生的团体叫Phi Chi Theta Professional Business Fraternity，于是决定加入这个团体。

这个Phi Chi Theta Professional Business Fraternity不仅历史非常悠久，资源非常丰富，而且会员全部都是优秀学生，想要加入得经过三轮严格的面试。第一轮面试通过之后，儿子迫不及待地把消息告诉了我。接着是第二轮面试，儿子紧张地作着准备，即使他那边到了深夜十二点，我也不敢催他睡觉，因为儿子看样子是志在必得。等结果出来时已经是第二天凌晨二点了，尽管忙到深夜，精神高度紧张，儿子还是因为顺利通过而异常兴奋。第三轮面试同样充满挑战和刺激，儿子把他最终被成功录取的消息告诉我们的时候，那种兴奋的感觉一点也不亚于拿到大学录取通知书。

Phi Chi Theta Professional Business Fraternity每周举行一次chapter meeting（社团大会），经常还会组织一些professional events(专业活动)、social events(社会活动)、service events(服务活动)，最吸引会员的是经常会有校友过来给active members(积极分子)提供一些好的机会和建议。儿子如今是这个Fraternity 80个成员当中唯一的中国成员，因为另外两个中国成员一个已经转学，另外一个因为学习压力大没有时间参加团体活动而被取消了资格。

儿子忙碌的第二个原因当然来自学习。美国大学虽然对上课没有严格的考勤制度，管理也显得很松散，但每门课程作业繁多、考试不断，儿子几乎每天都要为完成各项作业而熬夜。好几次儿子写作业写到深夜二点还没写完，我在电脑上通过MSN看到他那边一直处于忙碌状态，心里真是既心疼又着急。等到有空的时候再聊起熬夜的事，儿子说了一句十分有意思的话："比起我现在的用功程度，我在中小学的时候简直就没用过功！"儿子之所以说这话，是因为他选修的课程特别多。按照学校规定，学生一学期最少要修12个学分，最多可修18个学分，正常情况下学生会修15个学分，儿子第一个学期就选了19个学分的课，超过了学校规定的上限。到了第二个学期，儿子"变本加厉"要求修28个学分，他的advisor(顾问)起初不同意，但是看了他的托福成绩和SAT成绩之后，决定给他一个尝试的机会，同时跟儿子开玩笑说：“等你fail(不及格)几门课，你就会哭着回来要求减掉一些的。”几个学期下来，儿子不仅没有fail一门课，而且GPA一直在3.5分以上(满分为4分)。每个学期多修几门课，成了儿子的家常便饭，一天到晚节奏很快忙个不停自然是不可避免的。

都说国内的孩子学习紧张，国外的孩子学习轻松，通过儿子的经历，我终于弄明白这只是片面的理解。国内的孩子把时间精力都放在学习上，所以显得学习很紧张，但如果学生能掌握好的学习方法并且能提高自己的学习效率，国内的孩子其实并没有那么紧张。我见过的成绩优秀的孩子很多都学得很轻松。儿子小学毕业时，他的一位老师曾在电话里对我说：“你儿子连一半儿的力都没使！”国外的孩子学习更多的是靠自觉，学校和社会更看重学生的综合能力和创造能力，只要孩子自己有想法很努力很上进，他们就会真的很紧张。儿子跟我说，他还想学打网球，还想副修钢琴专业，但的确是安排不出时间。我会经常劝他不要太用功，儿子却总是叫我不要担心，因为他做的事都是他喜欢的。看来儿子已经找到了自己的奋斗目标，已经开始了真正意义上的人生拼搏，作为母亲，我只能在他越飞越高的时候时不时提醒他不要飞得太累。

此外，儿子在美国也学会了享受假期。美国学校节假日特别多，圣诞节自然不必多说，其他节假日如感恩节、复活节、万圣节之类的，儿子也会选择一个合适的地方邀上几个要好的朋友彻底放松一下。因此朋友聚会也成了儿子忙碌的一个原因。

每个人对生活的理解都不一样，因而对生活的追求也不一样。有的人认为有钱就快乐，有的人认为有爱就快乐，也有的人认为有成就感才快乐，还有的人认为拥有健康就是快乐……我估计我的儿子现在是因为忙碌而快乐，我衷心地祝愿儿子能够好好享受忙碌的每一天。

新浪实习生

儿子的新浪实习让我们看到他在实习前已经做好了充分的思想准备，
他不仅目标清晰，而且志向远大，
从某种意义上来说，这比他考试取得好成绩更让我们欣喜！

儿子读完大一才回来度假，回国之前他再三叮嘱我们帮他联系实习单位，我们的理解是大学生暑假做点有意义的事情，既增长见识，又得到锻炼，所以满口应承下来。

儿子说最想去的是微软。微软名气大不说，他高中去美国交流时还到过美国微软总部，加上爸爸在微软有关系，难怪他的第一选择是微软。

儿子从美国回来在家没住几天，就问起实习单位的事。也许是爸爸工作太忙，也许是儿子三个月的假时间够长，爸爸没有急着找微软的朋友敲定实习的事，没想到儿子跟我们急得下起了最后通牒："如果没有实习，我明天就回学校去！"

看到儿子说要实习不是一时冲动闹着玩的，爸爸"吓"得赶紧联系微软的朋友。朋友虽是微软中国区的一把手，但还是爱莫能助，因为按规定他们只招硕士生，本科生是不考虑的，况且儿子才念了一年大学，实在不好安排工作。无奈之下，爸爸又赶紧联系新浪的朋友，这次朋友爽快答应儿子第二天就可以去上班。

儿子虽然不能去心仪已久的微软，也不清楚在新浪实习意味着什么，但还是欣然接受了爸爸的安排。

第二天，儿子果然上班去了。在接下来的两个月时间里，儿子每天早出晚归，一天到晚忙个不停。我们虽然希望他能利用暑假多休息，多陪陪我们，不要搞得太辛苦，但看到他开心的样子，我们还是很支持他去工作。

一个周五晚上，儿子和几个朋友相约去了上海，原定周日晚上回北京的航班因故不能起飞，儿子急得跟什么似的，如果晚上回不了北京，周一早上他就不能按时去公司上班，眼看时间越来越晚，他给主管打了电话说明情况并请了假。不知半夜几点，儿子总算回到了家。因为已经请了假，我们建议疲惫不堪的儿子安心睡一觉。

没想到第二天儿子像平时一样早早地起床了，看到他洗脸漱口，我们已经猜到他要去上班了。“干嘛还要去上班啊？不是已经请了假吗？”我们劝道，“我都回来了呀！当然要去上班喽！”儿子平静地回答。

我和爸爸面面相觑，儿子的表现真让我们又心疼又佩服。一个不满二十岁的小伙子，正是贪玩贪睡的时候，是什么力量促使他那么严格要求自己的呢？按照惯例，国内很多公司的实习生是不拿工资的，儿子进新浪的时候也说好不给工资，他似乎没有必要图表现呀，为什么还要那么认真负责呢？我们因为是吃苦长大，所以知道踏踏实实做人做事的重要性，儿子从小并没有吃过太多苦，他是怎么知道要脚踏实地的呢？他在工作中表现出的自觉性相对于我们的积极主动更加显得难能可贵。

两个月的实习很快就过去了。离开前儿子和同事们一一道别，这时主管突然通知他去招商银行开一个账户，说公司要给他发一点奖金，儿子第一次给自己办了一张银行卡。回美国之前儿子把卡交给我，我问他卡里有多少钱，他说他不清楚，我拿着卡到提款机上一查，居然有三千多！

三千多块钱对于一个刚念完大一的学生来说应该是个不小的数目了，老板给他发奖金决不是因为老爸的面子，不然事先就说发工资了，给他奖金完全是因为他的表现赢得了大家的肯定，而让我万万没想到的不仅仅是他得到了那么高的奖励，还有同事和领导们对他的高度评价。同事们认为他性格开朗、待人诚恳，领导们认为他工作积极、富有创造性，他主持开发的新浪财金麒麟论坛如今已成为颇具影响力的网站。更为重要的是，儿子后来在美国寻找实习机会的时候，他不仅比他的竞争对手更有经验，而且还比他们多了一份自信，最关键的是他顺利通过了美国公司例行的第三方信用调查，新浪不但为他提交了实习证明，而且对他评价颇高，这为他后来的成功录取提供了有力的支持。

儿子的第一次实习经历不仅让他自己收获颇丰，作为家长我们也深受启发。我们上大学时毕业之后的工作是国家包分配的，所以我们对求学期间参加实习没有太多概念，那时的假期生活主要是在家里好好休息，多补充一些营养，懂事一点的孩子顶多就是利用假期多学一点知识，或者到外面挣点辛苦钱以减轻家里的经济负担。我们开始对待儿子的态度基本上就是我们那个年代的人的自然反应：儿子平时学习紧张，放了假就应该好好休息；家里不缺钱，孩子没有必要为钱去打工；不是正式员工，做得差不多就得了，没必要那么当真。事实证明我们的想法是多么的陈旧保守，儿子的思维是多么的高瞻远瞩。随着经济的发展和全球化的深入，现在国内也流行起了学生实习的风潮，表面上看我们是在与国际接轨，但实际上我们还需要下大力气进行观念上的更新和行动上的改变。家长、老师以及整个社会必须从根本上意识到实习的必要性和重要性，不能把它简单地看成一件可做可不做的事情，它是大学教育中一个不可缺少的环节，是培养合格人才很关键的一步。如果只是出于经济方面的考虑或者只是简单地追求一下实习这个形式，那么孩子们的实习就会沦为大家所说的“打酱油”，不能真正创造出实习的价值；学生如果在实习过程中拈轻怕重、投机取巧，甚至敷衍塞责，或者把它简单地看成是赚钱的机会，实习便失去了意义。儿子的新浪实习让我们看到了他在实习前已经做好了充分的思想准备，他不仅目标清晰，而且志向远大，从某种意义上来说，这比他考试取得好成绩更让我们欣喜！

不败的考生

儿子的学习能力和应试能力一时在他的同学当中传为佳话，
周围的同学朋友对他都佩服得五体投地，
老师们也十分青睐这个出色的学生。

中国有句俗话：“考考考，老师的法宝；分分分，学生的命根。”这话用在美国大学同样合适。

美国大学实行的是学分制，选什么课由你，考多少分也由你，只要够学分，你就可以拿到学位，学分不够，一切都没有意义。儿子第一学期选课就表现出了极大的与众不同。首先是课程的难度，除了与专业有关的必修课，儿子的基础课选了只有美国学生才敢选的西班牙语和修辞学，而没有选择国际学生常选的ESL(English as a second language,即“非母语英语课程”)和法语。西班牙语是美国高中生常学的外语，美国大学生选修西班牙语是件很轻松的事情。儿子以前完全没有接触过西班牙语，选这门课估计是受美国室友的影响，同时也是为了有更多与美国同学交流的机会。虽然学西班牙语对他来说难度不小，儿子还是毅然决然接受了挑战。

儿子学西班牙语期间，写作业的时间大部分都花在了西班牙语上，跟我聊天的时候我能感觉到这门课给他带来的压力。可是没过多久，他似乎找到了很好的解决方案。美国同学的数学普遍没有他好，他就和美国同学作交换，他教美国同学数学，美国同学教他西班牙语。一段时间以后，儿子的西班牙语果然进步很大，很快就找到了轻松过关的感觉。

修辞学是美国人最重视同时也最擅长的课，没有一定的语言功底是不敢选这门课的。儿子有时会把他的学习资料以及他做的作业发给我看，我发现他学的东西基本上是我读硕士时才学的内容。当时教我修辞学的老师就是美国人，我知道美国老师对学生的要求会有多高。现在儿子一进大学就学这门课，这无疑意味着是个很高的起点。儿子因为英语能力已经达到了一定水平，这门课对他来说并没有构成多大的挑战，所以很顺利地把这门课学完了。有了修辞学的基础，儿子的英语水平提高得更快了，从与儿子的交流中得知，他不仅经常为中国同学修改论文，就连美国同学也经常请他polish(润色)他们写的文章。

儿子选课的另一个特点是它的广度。美国大学对学生选修什么课没有严格限制，学生的选择范围也比较大。由于天生就是个兴趣广泛的人，又身处美国这样的学习环境，儿子好似如鱼得水。第一个学期选课他就超出了学校规定的上限，第二个学期他居然异想天开多选了一倍的课程，内容不仅涵盖他已经选定的商科，还涉及他喜欢的计算机科学。他的学习顾问拗不过他的执着，只好同意给他机会让他尝试一下。儿子为了证明自己，硬是一个学期把28个学分修了下来。我知道儿子的能力，但我后来还是很好奇地问他是如何做到的。儿子说有的课已经学过，比如说数学和物理，他就不去上课，直接参加考试就可以了；有的课特简单，他就自己看书搞定，花几天时间就足够了，有的甚至只花一天时间；只有那些真正有挑战性的科目他才会去上课，才会花大量的时间和精力，不然他是绝对安排不过来的。当然，因为选修的科目太多，而且学科跨度太大，儿子常常奔跑在偌大的校园里，下课十分钟的休息时间根本不够他走到另外一个学院上另一门课，只有跑步前进才能勉强赶到下一个教室。儿子出国前不喜欢走路，在美国学习一年回来，我发现他走路既有速度又有耐力，身体看上去比原来结实多了。我心想，毛主席以前让年轻人上山下乡接受锻炼，现在家长让孩子飘洋过海去留学，不也是在锻炼他们吗？

儿子的学习能力和应试能力一时在他的同学当中传为佳话，周围的同学朋友对他都佩服得五体投地，老师们也十分青睐这个出色的学生。到了大学三年级，儿子突然有了考驾照的想法，考交规的时候，他跟我只是轻描淡写地提了一下，没想到过了两天，他就告诉我说他的交规考过了，准备放假之后再学开车。我在北京学开车前后花了差不多三个月的时间，每次去驾校都得起早贪黑，我知道学车没有那么简单。可儿子跟我说他准备考驾照时，离考试时间只剩不到一个星期，而他根本还没有报任何驾校，几天之后他却笑嘻嘻地告诉我他已经拿到驾照了！我问他是怎么拿到的，难道可以拿钱买吗？他说他的一个室友和一个朋友各带他在学校练了两个多小时，加起来也就练了五个小时，然后就去见考官了，然后考试就通过了！我问他美国的驾照那么好考吗？儿子说不难，但很多中国学生要考很多次才能过关，他的一个同学甚至考了七次都没过，那些拿驾照不太顺利的同学主要是因为听不懂考官的指令或者因为太紧张，技术其实都没问题。儿子能轻松过关恰恰就是因为能听懂指令而且不紧张，技术不那么高人家也没看出来。因为考驾照的事，同学们给了他这样一句评语：“Chen Hu never fails！(胡宸考试永不败！)”

我知道儿子从小就是个“考霸”，无论什么科目的考试，他都没有失败过。儿子出国前就没有偏科现象，文科理科他都学得一样好，而且游泳、轮滑、乒乓球、钢琴什么的，没有一样不是一学就会，在美国他不仅延续了这个优势，而且还有势头越来越猛的迹象。我想这主要得益于他不仅是个好学的孩子，而且从小就培养出了自信，学习过程中他很善于观察、分析和总结经验，最重要的是，他懂得用刻苦学习来回报父母对他的悉心栽培。我对儿子去美国后的表现并不感到意外，因为一直以来他都是这样表现的，唯一不同的是，随着年龄的增长他变得越来越懂事，方向越来越明确了。我想这就是爱的力量，这才是真正的优秀。为了奖励他的出色表现，儿子驾照一拿到手，我就毫不犹豫答应了他的买车要求。我想这样一个勤奋懂事的孩子，买车决不是为了攀比，决不是为了满足虚荣心，有车也绝不会造成他的堕落；相反，我认为，在一个号称“轮子上的国家”学习和生活，有一辆属于自己的车会使他如虎添翼，给他的成功提供更好的保障。我希望这个不败的考生能够创造出更多不败的神话，我也相信儿子完全能够明白我的用心。

打工也疯狂

儿子能够轻松找到三份工作，
一方面是因为他的英语水平，另一方面是他的沟通能力，
再有就是他对电脑的熟悉。

除了忙于学习、交友以及参加各种各样的课外活动，儿子在美国还开始了他的打工生涯，第一个学期居然就打了三份工！

第一份工作是在学校的office of continuing education(继续教育办公室)做consultant(顾问)，主要负责解决电脑软件和硬件的基本问题。

第二份工作是在学校的career center（职业中心）做web analyst（网站分析员），主要工作是分析数据，然后根据结果更好地设计网站，帮助学生利用学校资源找工作。

第三份工作也与电脑有关，在学校一家电脑服务中心做security consultant(安全顾问)，帮助学生或者老师检查电脑是否有问题，同时提供电脑升级服务。

儿子第一次告诉我他要打工的时候，我心里非常高兴。虽然我不指望他挣多少钱，但我认为打工可以锻炼孩子的吃苦精神，同时还能积累一点工作经验。尽管他爸爸有点担心会影响学习，我还是鼓励儿子参加面试。等到儿子告诉我他已经顺利通过面试

找到一份工作时，我以为打工的事情就算搞定了。没想到他很快又参加了另外一个地方的面试，而且那个地方也录用了他。没过多久，儿子又告诉我，他找到了第三份工作。说实话，我当时完全被他搞糊涂了——美国不是闹金融危机吗？美国的工作不是很难找吗？儿子难道有特异功能？儿子不用学习了吗？

带着疑问，我仔细了解了儿子的想法。儿子说参加那么多面试，刚开始也只是想试试能不能拿到offer(录取)，同时也想积累一些面试经验，没想到自己的成功率会那么高。学校规定国际学生一周最多能工作20小时，三份工加起来差不多正好就是20小时，儿子索性就豁出去了。儿子说三份工虽然占用的时间不少，但工作本身并不是很辛苦，基本上都是技术活儿，都是他擅长并且喜欢做的事情。“我是不会去刷盘子的，”儿子坚定地告诉我，“我知道怎么处理学习和打工的关系。”儿子的话让我放心了不少。

儿子能够轻松找到三份工作，一方面是因为他的英语水平，另一方面是因为他的沟通能力，再有就是他对电脑的熟悉。这三方面的能力应该说都不是从课堂上学到的，而是他自己平时用心积累起来的，没想到现在能派上大用场，真正应验了那句老话——机会是留给有准备的人的。

通过打工，儿子果然收获了许多。首先，打工对儿子融入美国社会起了很大的帮助作用，如果只是通过上课和跟同学的接触了解美国社会而不亲自和各种不同的人打交道，儿子不会那么快找到美国人的感觉。有一次我跟儿子在网上聊天是在他上班的时候，我就问他上班一般都做些什么，他说就是接接电话，帮人解决电脑方面的问题，没人打电话就什么事也没有。说着说着正好有一个电话打过来，儿子说他去处理一下马上回来。当时我就在想，儿子能和美国人交流，并且能够帮别人解决问题，这本身就说明他已经融入了他生活的环境。

其次，打工锻炼了儿子管理时间的能力。儿子说他最忙的时候是一周上20个小时的课，打20个小时的工，还要参加许多课外活动。这样的时间表挑战之大可想而知，如果管理不好时间，很容易造成拆东补西，不仅身体会被累垮，学习也会被拖垮。儿子最终能顺利过关，说明他管理时间的能力的确不一般。

更为重要的是，打工还充实了儿子的简历，为以后找工作提供了保障。儿子后来再找实习单位时，他的简历常常会给面试官留下非常深刻的印象。有一位面试官甚至颇为赞赏地对我儿子说："That's what my resume looked like when I was a college student."(我上大学时的简历就跟你的一样。)面试官能说出这样的话，录取还会有问题吗？

当然，打工还有一个吸引力，那就是可以赚些零花钱。儿子不是一个能花钱的人，但是面对他喜欢的电子产品，比如说iPhone，他喜欢的名牌服装，比如说G-Star，也经常会抵挡不住诱惑，而自己能赚到购买这些奢侈品的钱，儿子会觉得很有成就感。儿子在美国三年，基本上只有正当开销才会开口找我要钱，买理由不那么充分的物品一般都由他自己解决。儿子第一次从美国回来给爸爸妈妈买的礼物都是名牌产品，价值都是好几百美元，买礼物的钱完全是他打工赚来的，儿子很有骄傲的感觉，我们也觉得很自豪。儿子给我的礼物是用他打工赚来的钱买的，因此对我来说无疑更加珍贵。

儿子在一次元旦节的时候去了西雅图我们一个同学家。同学后来对我的儿子赞不绝口，因为儿子跟他们透露，他之所以学习和打工都那么拼命，主要是因为不想让自己有太多的时间想家。想家的感觉不好受，成天无所事事会更难受，每天都在干有意义的事情，就会觉得心里特别踏实，对爸爸妈妈的思念就会转化成前进的动力。我知道这是儿子最真实的想法，我也知道儿子一定会这样做。

攻读三学位

我问儿子学校能让你同时学三个专业吗？
儿子说他已经打听过，人家告诉他，
只要成绩合格、学分足够，就应该给他三个学位。

儿子在大学共修三个专业：金融——妈妈的选择；会计——学校最强的专业；电子工程——儿子后来发现自己最喜欢的专业。

上大学之前，儿子对于学什么专业并没有明确的想法。因为我和孩子他爸都是学英语的，我们的想法是学什么专业都可以，不把英语当专业就行，否则一家人全学英语了。儿子从小喜欢数学，凭感觉，我认为金融比较适合他，于是建议他学金融。

儿子在没有明确自己的想法时一般都会听我的，所以别人问他准备学什么专业时，他就毫不犹豫地回答说学金融。就这样我推荐的专业被儿子当真了，时间一长，学金融的想法就在儿子的脑子里根深蒂固起来。

儿子果然也喜欢金融专业，从我平时跟他的聊天当中我能感觉到这一点。但是儿子从小更喜欢偏理工科方面的东西，金融属于文科，学了一段时间之后，他觉得只学一个金融专业没什么压力，肯定还得再学点什么。正好那时儿子初到美国特别想家，就想与其闲着想家难受，不如忙起来多学点知识，于是决定去听一听其他专业的课。经过一段时间的旁听，他发现他们学校的会计专业很厉害，加上同属商学院，儿子很自然地把会计专业纳入了他的学习范围。

儿子觉得，会计知识虽然很基础，但是很重要。最吸引他的是，美国四大会计事务所在他们商学院都有专门的auditorium(礼堂)——这可是很多学校不具备的条件，一年四季在他们商学院大楼里都有招聘会，而他们商学院的学生在应聘的时候占有绝对优势。儿子从大学二年级开始就参加各种面试，很快就跟多家公司建立了联系，学会计专业让儿子真正体会到了什么叫做学以致用、什么叫做近水楼台。

因为多修了会计专业，儿子每天都比别的同学多上几节课，整天忙忙碌碌，不仅没了时间胡思乱想，还经常晚上写作业到深夜。我常常在网上看到他那边到了晚上十二点仍然显示“忙碌”，不得不提醒他不要熬夜、要早点休息。我知道儿子已经独立，不再需要我在旁边监督提醒，但看到他经常加班加点，我实在控制不了要唠叨几句。

儿子选第三个专业还有个背后的故事：上初中时，有段时间他的物理成绩不是太好，虽然上高中后碰到了一位好老师，他的物理成绩追了上来，但向来重视全面发展的他对那段经历还是有些耿耿于怀。当他了解到他们学校的工科在美国排名第二、电子工程专业与物理关系密切时，他的好奇心马上被勾起来了。

在老师的建议下，他去试听了几堂课，结果发现那才是他心目中的理想专业：那些数字的东西，那种发散性思维，那个解难题的感觉……儿子欣喜若狂，很快就爱上了这个专业。

前面学的两个专业肯定不能放弃，刚刚发现的新大陆也不能割爱，怎么办？要强的儿子决定三个专业哪个也不放弃，他要三个专业一起学，挑战一下自己的极限！

于是出现了这样的情景：上完商学院的课，儿子要从学校的最南端跑到最北端的工学院上电子工程的课，因为距离实在太远，儿子要跑步前进才不至于迟到。一年下来，儿子不仅学到的知识比别人多，身体也比以前更加壮实了。儿子说那一年他在校园走的路比前面二十年加起来还要多！二十岁的小伙子，正是年轻好玩的时候，虽然成熟懂事的不少，但这样能吃苦、这样有上进心也很出乎我们的意料。

儿子学三个专业的事几乎没跟我们商量，直接就把决定告诉了我们。对于他这种情况，我们很少听说，对于美国大学相关的学籍管理，我们也不是很清楚。我们只知道国内一般都是选什么专业就学什么专业，不同专业之间会有明确的分界，美国大学的专业选择相对灵活些，但是学三个专业、而且是两个完全不同的方向，在美国也一定不多见。我问儿子学校能让你同时学三个专业吗。儿子说他已经打听过，人家告诉他，只要成绩合格、学分足够，就应该给他三个学位。现在儿子已经用三年的时间修够了金融和会计的学分，他准备再用两年时间把电子工程的学分修满。看来美国的教育体制真正体现了“海阔凭鱼跃、天高任鸟飞”。

记得儿子出国之前曾跟我说，他对他上的这所大学并不满意，到时候他一定会想办法转到一所更好的学校。在美国，大学生转学是常有的事，我想儿子愿意转就转吧。没想到他去了之后只字未提转学的事，相反告诉我们他的学校很不错，他要在那里好好读完大学。原来儿子更看重他所学的专业，现在这个学校在专业选择上给他提供了很好的机会，所以他及时调整了心态。

儿子能够迅速确立自己的奋斗目标，还有一个原因，是他的思想实现了一次飞跃。出国前，他认为自己的条件不错，以他的考试成绩应该上更好的学校。等到他选择了他喜欢的专业、明确了他施展才华的途径，他开始相信“是金子在哪里都会发光”，他要用行动证明自己的确是块金子而不是粪土。儿子后来跟我说：“如果我直接进了哈佛、耶鲁，说不定我不会像现在这样踏实，我要一步步走向最高点，而不是直接落到最高点，我向上攀登的过程就是一种修炼、一种成功。”听到儿子的话，我觉得他已经进入了一种很高的境界。

最重要的是，儿子明白，他在美国的形象不仅仅代表他自己，还代表所有中国人。和美国人接触多了，他明显感觉到美国人虽然单纯、友好，但骨子里却带着一种天生的优越感；而中国留学生中虽然不乏佼佼者，但的确也有一些中国孩子学习不是很用功，而花钱倒是很大手大脚，穿名牌，开好车，什么贵买什么，让美国人觉得他们出国留学并不是因为他们本身很优秀，而是因为父母给他们创造了优越的条件。每每看到美国人的那种不屑和中国人的那种不争，儿子心里都很不是滋味。为了让美国人见识真正优秀的中国人是什么样子，儿子下定决心要用实际行动让美国人口服心服。三年下来，无论是在同学眼里，还是在老师心中，还是在找工作的过程中，儿子的努力和优秀的确让美国人刮目相看，挑战三学位毕竟不是随随便便轻轻松松就能做得到的。

中国牌

一个人的出身和国籍没有高低贵贱之分，大家只是生活在不同的地方，
只要你拥有自信、真诚和智慧，
你就能大胆地面对所有人，不管他们是中国人还是美国人。

儿子在美国有着很好的发展势头，其中有一个很重要的原因——打中国牌。

打中国牌没有想象的那么简单，其中还有个能不能打中国牌、想不想打中国牌和会不会打中国牌的问题。

能不能打中国牌首先取决于你的英语够不够用。如果你的英语表达能力有限，尤其是不能充分地表达你的思想，打中国牌当然就成了一句空话。

能不能打中国牌还取决于你是否能融入美国人的圈子。如果你成天只跟中国人打交道，见到美国人就躲，你哪有机会打中国牌?

儿子通过出国前苦学英语、出国后和美国学生同吃同住，不仅语言关过得顺利，和美国人的交流也很顺畅，这为他能打中国牌奠定了基础。

想不想打中国牌则完全是个人的选择。有些留学生可能认为美国更加富裕发达，又是在美国的土地上，美国人不一定会对中

国的东西感兴趣，所以很少提到中国或者不敢提中国。儿子却认为美国人也有开放的一面，中国也有值得骄傲和学习的地方，为什么不能把中国介绍给他们？

通过和美国人的近距离接触，儿子发现美国人对中国的反应呈两大特点：一是他们对中国非常关注；二是很多美国人对中国的了解还停留在五十年前。作为新一代留学生，儿子觉得有义务给自己的国家作一些宣传，有必要更新一下美国人对中国的印象，于是帮美国人了解中国成了儿子与美国人交往的利器。经他一介绍，他身边的室友、同学甚至老师最后都对中国充满了向往。儿子认为，他们向往中国是很正常的，中国人对美国不也是充满向往吗？人与人之间就是这样，国与国之间应该也是这样。大胆尝试几次之后，儿子发现打中国牌是能让大家都高兴的事，何乐而不为呢？儿子初步尝到了打中国牌的甜头。

慢慢地，儿子变得更加自豪地提到自己是中国人，他发现每次说自己是中国人的时候，别人都会投来敬佩的眼光——中国人居然能说这么漂亮的英语！中国人居然有这么优秀！原来自己的中国背景不仅不会使自己暗淡无光，反而会使自己更加光彩夺目！OK，今后就好好打我的中国牌吧！儿子心里变得更加坚定了。在寻找实习机会的面试中，儿子还是从自己的中国背景说起，还是充满自信地跟面试官打自己的中国牌，然后就成了坚持到最后拿到offer(录取)的唯一的国际学生。在金融危机日趋严重、找工作极其不容易的美国，儿子几乎是逢面试必录取，这不能不说是个奇迹。儿子经常跟我说，当你感觉你跟别人一样的时候，别人才有可能平等待你；如果连你自己都觉得和别人不一样，你怎么能要求别人平等待你呢？也许是由于历史原因，也许是由于中国人的性格，我们跟外国人交往的时候往往顾虑重重，结果形成了许多障碍。儿子的经验告诉我们，人与人的交往其实很简单，自信和真诚最重要。打中国牌其实就是自信和真诚的表现。

愿意打中国牌虽然难能可贵，但会不会打中国牌还有着很深的学问。儿子发现，跟美国人说长城或者故宫，他们不会有很大的兴趣，因为他们从书本上就能了解到。但如果你告诉他们，你是在什么环境中长大，你是通过怎样的努力来到美国，他们会充满好奇。儿子最能让美国人感兴趣的是他通过看电视剧《老友记》学英语的故事，美国人听了会觉得很不可思议，同时会深受启发，甚至还可能被激起学汉语的冲动，让他赶快教他们一两句汉语！因为美国人有个说法：如果你说三种语言，那么你是trilingual(能说三种语言的人)；如果你说两种语言，那么你是bilingual(能说两种语言的人)；如果你只说一种语言，那么你是American(美国人)!瞧，美国人就是这么简单幽默，儿子的表现也很简单幽默！

几年锻炼下来，儿子成了打中国牌的高手。我在美国看望儿子时，发现他经常和室友们谈笑风生，和同学们在一起也很活跃，就连他的老师见了我都直说我有个好儿子。看来，打中国牌不仅使儿子交到了很多美国朋友、得到了很多宝贵的机会，同时还使儿子变得更加自信、更加出色。我为儿子的机智勇敢感到高兴，同时也十分赞同他的观点：一个人的出身和国籍没有高低贵贱之分，大家只是生活在不同的地方，只要你拥有自信、真诚和智慧，你就能大胆地面对所有人，不管他们是中国人还是美国人。

同学的礼物

Kelly和她的父母在家里早已准备好了蛋糕蜡烛，
原来他们要给儿子举办一个“surprise birthday party(惊喜生日会)”。

儿子从小与人为善，与同学相处极好，同学给他赠送礼物是常有的事，到了美国之后，同学送的礼物当中有两份尤其显得珍贵。

一份是IBIP项目组送给儿子的价值五十美元的星巴克消费卡。

IBIP的全称是International Business Immersion Program（直译是“国际商务沉浸式考察项目”），因为是个重要项目，对参加者要求很高，而且能折算成四个学分，儿了就报名参加了。

2010年5月，儿子的项目组由两名美国老师带队来到了中国，两周行程里安排了北京、石家庄、武汉、杭州、上海、香港等多个城市的参观访问。在北京的时间是四天三晚，儿子本来打算在北京那几天不住事先安排的宾馆而住在家里，游览北京景区的时候也溜回家陪陪我们。可事到临头，儿子想到了项目组只有他一个中国人，其他人都人生地不熟，他也许能帮上点忙，于是一直没有跟老师提回家的事，每天只在晚饭后的自由活动时间抽空在家呆上一两个小时。我们虽然有些失望，但还是理解儿子的选择。到了离开北京的前一个晚上，儿子告诉我那天晚上他会回家住，我高兴得以为是在做梦。大概十点多钟的样子，儿子回到了家，我安排他洗了澡，又让他吃了些水果。临近午夜，儿子睡到了自己那张睡了很多年的床上。虽然他让我睡在他旁边和他聊会儿天，可没说两句话，我已经听到他发出轻微的鼾声。儿子实在太累了，而且毕竟还是个孩子，看着他睡得那么安稳，我既心疼又欣慰。第二天早上六点，吃完我给他煮的他最爱吃的饺子，儿子就回到了老师和同学身边。

由于儿子的热心相助，整个项目组对中国之行留下了非常好的印象，老师把我儿子当成了得力助手。回到美国，老师甚至把很多报告内容让我儿子翻译成中文，因为这些报告要发给中国这边的接待单位。

2010年10月，IBIP项目活动圆满结束。在举办庆祝活动的那天，因为得知我正好在学校探望儿子，老师特意邀请我出席了他们的成果展示活动。通过这次活动，我了解到儿子不仅是活跃的小组长，而且和同学们的关系十分融洽。为了表示感谢，活动结束的时候，同学们给两位带队的老师每人赠送了一张价值二十美元的星巴克消费卡。让我万万没有想到的是，同学们也给儿子赠送了一张消费卡，不同的是，儿子的金额是五十美元！

另外一份礼物是Kelly与她的父母为儿子举办的surprise birthday party（惊喜生日会）。Kelly 是个美国姑娘，是儿子宿舍几个美国室友的好朋友。由于经常在一起玩，儿子和Kelly也成为了好朋友。

儿子在美国虽然入乡随俗，和美国人打成一片，虚心汲取美国人的精华，但同时也不忘保持中国人的优点，树立良好的中国人形象。比方说，中国孩子学习更加刻苦，儿子没有因为一个关系比较好的室友GPA只有2.0(满分4.0)而放松自己的学习，相反还经常鼓励这个同学要奋发图强。俗话说，冰冻三尺非一日之寒，最后这个室友还是因为成绩太差离开了学校。儿子没有因为同学离开就跟他断绝朋友关系，而是更加关心他，并且推心置腹地跟他说失败不一定是件坏事，经历挫折有时就是新生活的开始。我相信儿子的话一定能使这个朋友猛醒回头，跌倒了再爬起来。儿子的真诚赢得了美国人的尊重。

再比方说，美国地大人少，虽然生活条件优越，但是远没有发展中的北京热闹，儿子就向美国同学介绍起了中国。由于儿子到美国的时候正值北京奥运会举办期间，儿子趁机向美国人宣传北京，用儿子的话说就是“把北京说成了一朵花”，结果室友们对北京充满了向往，纷纷表示要来北京看看。Kelly家里的经济条件比较好，儿子第一次从美国回来，她就真的跟着来了北京。

Kelly在我们家住了半个月，儿子带她去了故宫、长城等著名景点，我也专门安排出时间带她去了虹桥、秀水街。Kelly的北京之行给她留下了深刻的印象，回去之后她表示今后还会来北京，向亲戚朋友提到我时，她就直接称我为她的“中国妈妈”。

儿子在美国也经常受到Kelly以及她的家人的照顾。Kelly的妈妈对我说："Your son opened a door for us and we will open a door for him, too."(你的儿子为我们打开了一扇门，我们也将为他打开一扇门)今年5月3日是儿子满二十一岁的生日，那天因为有考试，儿子没有专门举办庆生活动，等过了几天儿子去Kelly家的时候，发现Kelly和她的父母在家里早已准备好了蛋糕蜡烛，原来他们要给儿子举办一个“surprise birthday party(惊喜生日会)”，儿子当时真的好感动。

我们的朋友邻居大都以为Kelly是儿子的女朋友。儿子跟我说Kelly是有男朋友的，而他现在根本没有时间谈恋爱，和Kelly仅仅是很要好的朋友。我相信儿子的话是真的，我更相信儿子知道如何与同学和朋友交往，同学的礼物更多的是对他这个人的肯定和赞赏。

夏威夷之旅

我们仔细观察儿子的言行举止，
发现儿子无论从能力上还是从修养上都表现得极为出色。
最难能可贵的是，他把自信和谦虚结合得恰到好处。

儿子大二的寒假，我们相约在夏威夷团聚。

我们分别从北京和芝加哥出发，约好在夏威夷机场汇合。儿子提前预定了旅馆，因为儿子的飞机有些晚点，我们就先到旅馆办了入住，没过多久儿子也到了旅馆。

夏威夷不愧为人间天堂，从窗外望去，蓝蓝的大海、美丽的沙滩、干净的马路，我们全然忘了旅途的疲劳，情不自禁地奔向海边。由于圣诞节期间机票很难搞定，他爸爸的时间又很难安排出来，我和儿子费了九牛二虎之力才把行程安排妥当。现在终于到了盼望已久的目的地，儿子不用想他的学习，老公不用想他的工作，我也见到了日思夜想的儿子，一家人欢聚在一起其乐融融，身处天堂的感觉油然而生。

儿子在美国已经生活了一年半，我们想亲眼见识一下他在美国究竟是什么样子，于是要求他全权安排我们在夏威夷的生活，比如上哪儿吃饭、去哪些地方游玩、如何联系等，都由他来负责，他要假装成我们的导游，我们要假装成不懂英语的游客。

儿子对我们的要求心领神会，很认真地做起了我们的导游，不仅游览活动安排得有条不紊，而且哪些景点该去，哪个景点有什么特色，他都了解得清清楚楚。在外面游玩的时候他还时不时跟美国人谈笑风生，打趣逗乐。我们好像是在旅游，也好像是在检阅儿子在美国的生活状态。有一天我们坐游船去看鲸鱼和日落，游览快结束的时候，我们坐在船舱里休息，这时我发现一位美国老太太一直微笑地看着我们。当我的视线和她的视线交汇的时候，这位可爱的老太太居然走过来主动要求给我们照一张合影。老太太的照相技术很好，照完之后我直纳闷她为什么会对我们那么友好，为什么要主动给我们照相，这时儿子告诉我，他刚才和这位老太太聊天来着。儿子的阳光、帅气，一定让老太太产生了好感，老太太可能很好奇我们到底是怎样的一家人，但她一定想不到，跟她说话的年轻人来自中国，在美国还只生活了一年多的时间。

我们去了夏威夷波利尼西亚文化村。在那里，各种热带民族风格的表演极其震撼，把我们看得眼花缭乱，美丽的景色和热闹的场面让我们大开眼界、流连忘返。而里面的服务生和工作人员基本上都是来勤工俭学的大学生，儿子见到他们一下感到了一种亲切，于是和他们侃侃而谈，既了解了许多当地的风俗习惯，也进行了不少年轻人之间的交流。儿子总结这天的观光活动说，光是看这一个文化村就值得来夏威夷一趟。看来儿子在游玩的时候还很注重了解当地的风土人情。

儿子还安排了去大岛(我们住在首府檀香山，大岛是另外一个岛)看火山。坐飞机来到大岛之后，我们就等着再坐直升飞机近距离观看火山是什么样子。大岛上的这座火山最近的喷发期始于1983年，并一直持续到今天。在我们观看火山喷发的录像时，来了两个美国老太太和一个小女孩，她们是即将和我们坐同一架直升飞机的游客。小女孩看样子正处于青春期，等飞机的时候她一直在抱怨。可能两个老太太觉得有些不好意思，就主动找儿子聊天缓和气氛，儿子似乎觉察到了什么，很热情地和两个老太太配合起来，小女孩马上被吸引了，情绪果然很快好转，整个游览过程因此变得轻松而愉快。

我们仔细观察儿子的言行举止，发现儿子无论从能力上还是从修养上都表现得极为出色。最难能可贵的是，他把自信和谦虚结合得恰到好处，既没有畏畏缩缩的感觉，又没有一点趾高气扬，总是显得那么彬彬有礼。这是我们希望看到的。回想我们小的时候，因为家里经济条件有限，我们很少有机会接触外面的世界，父母因为背着沉重的生活压力，平时会显得很严肃，不但很少对我们笑，就连跟我们说话都很少。在那种环境里长大的我们，一般不敢在生人面前说话，即使说话也没有那么放松。现在看到儿子的表现，我们不禁感叹时代的变化，中国人的变化，大家常说的"国富民强"第一次在我们心目中变成了很具体的概念。

在夏威夷，我们还收获了另外一个巨大的惊喜。我们原来定的旅馆是一个标准间，里面有两张小床。因为结识了一个在夏威夷生活了二十年的中国人，他把我们换到了一个更高级的套间，但套间里只有一张大床，我们一家三口由原来的分开睡变成了睡在一张床上。没想到的是，这种阴差阳错反倒给我们制造了一个难得的机会，我们三人睡觉前在床上又是玩扑克，又是聊天，那种亲密无间的感觉好像一下回到了从前。我上大学时，每次回家都要和妈妈睡，我以为只有女孩子才会这样，因为我那时还很小，才会跟妈妈黏在一起，没想到儿子也喜欢黏着我们。我不知道别的男孩长大了会不会跟爸爸妈妈这样，但我们三个当时真的觉得好温馨好幸福!

浪漫的夏威夷之旅给我们留下了太多美好的回忆和深深的感动。我和儿子决定以后每年制造一次这样的机会，每年去一个旅游胜地，让紧张的生活得到调节，让疲惫的身心得到滋润，让温暖的亲情得到升华！我想这个梦想既是我们追求的目标，也是我们奋斗的动力。

选择德勤

对于儿子的选择，我们只是帮助他做一些客观分析，
具体怎样决定我们不过多发表意见，
一是因为我们对这个行业没有太多的了解，
二是我们一贯尊重并且相信孩子的选择。

2011年暑假，读大三的儿子没有回北京和我们团聚，而是做了一件他向往已久的事情——去著名的四大会计事务所之一德勤公司实习。

儿子大二的时候就参加过这家公司的面试，由于经验不足，准备不够充分，竞争又非常激烈，儿子在第一轮面试时就被淘汰了。尽管很失望，儿子并没有灰心丧气，而是继续与见过的面试官保持联系，并认真分析失败的原因。经过一段时间的精心准备，已经进入大三的儿子再次为拿到实习机会发起了进攻，不同的是他这次参加的不光是德勤公司的面试，而是拿到了四大会计公司中三家公司的面试。紧张激烈的面试结束了，儿子拿到了所有面试单位的offer（录取），作为那几年第一个在德勤拿到咨询offer （会计公司主要提供三种offer，一种是税务offer，一种是审计offer，一种是咨询offer，咨询offer是其中申请难度最大的）的中国留学生，儿子的战绩在他的学校一时传为佳话。

中国留学生在美国申请面试机会本来就不容易，且不说文化上的不同和思维上的差异，就是一道语言关就让众多挑战者望而生畏。儿子由于语言基础好、与美国人的交流多，得到的面试机会就比别人多一些，加上他朋友多，自己经常上网查资料，还虚心向business fraternity(他加入的商业社团)里面的学长请教，面试的时候充满了自信，自然成功率就比较高。

可是拿到的offer多了，儿子发现新的问题来了。到底该选择哪家公司呢？KPMG（毕马威）提供的职位是Advisory - Transaction Services（交易咨询），Ernst & Young(安永)提供的职位是Financial Services Office - Assurance(金融组审计)，Deloitte(德勤)提供的职位是Business Technology Analyst（信息技术咨询）。因为对咨询更感兴趣，德勤的名气更大，儿子最后选择了德勤。对于儿子的选择，我们只是帮助他做一些客观分析，具体怎样决定我们不过多发表意见：一是因为我们对这个行业没有太多的了解；二是我们一贯尊重并且相信孩子的选择。

实习开始了，儿子既紧张又兴奋。经过一个星期的培训，实习生们很快走上了工作岗位。按照公司的工作习惯，儿子一周出差四天，周一早上四五点钟起床赶飞机到客户所在地，周四晚上十点多钟回到公司。虽然飞来飞去很辛苦，工作感觉比学习紧张很多，儿子还是觉得很开心，因为与客户沟通和与同事合作让他一下成熟了许多。

为期十周的德勤实习很快结束了，尽管收获不小，儿子最终还是觉得德勤的工作与自己的理想有一定的差距。回到学校，儿子更加明确了自己的努力方向，同时又开始了新的寻找。

对于儿子的德勤实习，我们一方面觉得孩子能利用暑假时间增长见识、体验生活是很难能可贵的，另一方面觉得美国的大学生活更加丰富多彩、更能锻炼人，我们很为他获得这样的机会高兴。回想自己的经历，我们在七八十年代读大学时是没有实习这个概念的，因为那时考进大学就意味着进了保险箱，不论知识多少能力高低，每个毕业生都由国家包分配，现在想想其弊端是不言而喻的。如今国家早已不给大学毕业生包分配了，实习这个词也经常挂在国内大学生口边，但真正让学生从实习中有所收获、实习单位为培养人才发挥作用我们还有很长的一段路要走。因为国内的大学生还是没有从根上发生改变，还是几乎把所有时间精力都放在书本知识上，工作的事一般要到毕业的时候甚至毕业之后才考虑，最后不仅很多人专业不对口，即使从事自己学过的专业也要从头学起，结果就造成大量的时间、金钱和精力上的浪费，所以曾有人戏称国内的大学生实习是“打酱油”。同时，国内的知名企业也没有像美国大公司那样为大学生提供那么多的实习机会。我儿子所在的学校一年四季都有各种公司举办的招聘活动，四大会计事务所在他们商学院都设有专门的教室和面试点，而国内要进入好一点的公司大家首先想到的是能不能找到关系，有关系则一切好办，没关系再有本事可能也摸不到门。想到这些，我觉得当初帮助儿子走上留学美国这条路是非常英明的。

现在美国大学之所以能吸引那么多的中国留学生，除了更先进的硬件设施和更强大的师资力量，先进的办学理念应该也是功不可没，大学生在学习期间寻找实习机会、经历层层面试、真正进入工作状态应该是较为明显的一个优势。如果国内大学生也能通过自己的努力成功进入自己想进的公司实习一段时间，毕业之后还愁找不到工作吗？国家辛辛苦苦培养的人才还会被浪费吗？所以我希望有知识、有文化同时又有社会责任感的中国人都来关注大学生实习这件事。为了我们的孩子，也为了我们的国家，我们真的需要认真对待大学生的实习，不然我们与别人的差距就越来越大了。

拥抱

分手之际，最令我感动的一幕发生了：
儿子给家乡的每个亲人来了一个大大的美国式拥抱！

2010年圣诞节前，儿子从美国回来度寒假。去美国两年多了，这是儿子第一次寒假回北京。儿子在大学一直严重超负荷学习，差不多每个学期修两学期的课，他爸爸也是一年四季连轴转，几乎没有节假日，所以我计划一家三口找个好地方旅游放松一下，最后意想不到的是孩子提出回湖南看望姥姥和老家的亲人。

姥姥家在一个偏僻的小镇，不但没有飞机可坐，就连火车也不能直达，于是我们买了软卧票，坐着慢慢悠悠的普通快车到了一个离姥姥家最近的火车站。

姥姥早已在车站等候，我们下车的时候她从熙熙攘攘的人群里一眼就看到了一米八几的外孙，急忙跑过来拉住他的手，眼里分明泛着泪花。

到老家第二天，我们带着从北京买的二锅头来到姥爷坟前祭奠姥爷。姥爷是在儿子八岁时去世的，儿子十八岁出国前曾回来祭奠过一次姥爷，这次看到姥爷新换的墓碑和照片，儿子“扑通”一声跪下失声大哭起来……儿子小的时候姥姥姥爷经常来我们家“帮忙”，给他喂饭、陪他玩、送他上学……如今那个咿呀学语、蹒跚学步的小孩已经长大成人，那个在遥远的异国他乡求学的孙儿已经回到老家，而姥爷那永远慈祥的笑容、那永远有力的双手、那永远温暖的怀抱……却再也看不到了，孩子怎能不肝肠寸断！看到儿子哭得那么伤心，我们仿佛看到了血脉的相通和生命的延续。

祭奠完姥爷回来，我们便去各个叔伯姥爷、姑奶奶家作客，这时儿子又变成了可爱的小馋虫，尝米粉、吃牛肉、啃甘蔗，各种家乡特产让他眉开眼笑、心花怒放，就连老家流行的打麻将，他也跃跃欲试兴趣盎然，和那些老头老太太们玩得不亦乐乎！

时间过得飞快，原定的三天停留时间很快就要到了，吃完午饭我们就要离开了。离别午餐依然是一大家子聚在一起，依然是精心挑选的一家饭馆，依然是淋漓尽致的大快朵颐。分手之际，最令我感动的一幕发生了：儿子给家乡的每个亲人来了一个大大的美国式拥抱！

要知道，儿子拥抱的可是一群白发苍苍的人，一群普普通通的人，一群没有多少学问的人。人们常说的代沟哪里去了？人们常谴责的嫌贫爱富哪里去了？人们常感叹的知识越多越反动哪里去了？儿子的行动分明让我看到了一颗金子般的心。

我知道有一些人是不太愿意回老家的，说什么早已不习惯家乡的环境，与老家的人没有共同语言……这些托词其实掩盖的是自私与冷漠。我也曾担心儿子不愿意回老家，即使回了会不会也只当是完成任务，真没想到他不仅玩得那么开心，居然还情不自禁地拥抱了那些很亲却离得不近的亲人。

我曾在2010年秋天去美国看望儿子，印象里儿子是个极讲究极有品味的人。他不仅喜欢香水，而且喜欢名牌香水，出门前喷香水不说，还经常会像美国人一样在腋窝下抹一种防出汗的东西，说是让别人闻到自己有汗味是不礼貌的。对于普通家庭出生、在贫困中长大的我来说，当时很担心儿子会不会忘本了。现在亲眼见到他对姥姥姥爷感情依然是这么深厚，对老家的亲人依然能这么亲近，对老家的生活依然是这么喜欢，骄傲和感动在我心里油然升起，我之前的担心是不是有些多余了呢?

感谢互联网

我有很优秀的儿子，我有很幸福的生活，
我同时也有深深的思念和无尽的牵挂，
在这里，我要由衷地说一句：真的很感谢互联网！

儿子去美国已经三年多了，如果没有互联网，很难想象我们的生活会是什么样子。

儿子在离家之前就给我在电脑上装好了MSN和skype。MSN主要用来聊天，skype主要用来看视频，我们在家里试了效果，约好将来用它们保持联系。

三年来，我一直保持着这样的习惯：上午九点打开电脑，第一件事就是检查儿子是否在MSN上，看到儿子那边亮着绿灯，我就会觉得特别踏实，因为我知道儿子这时就在他的电脑面前，虽然远隔千山万水，却有触手可及的感觉。儿子一般也会在这个时候等着我，我们会互相打个招呼，有时间就多聊会儿，如果儿子要写作业或者有其他事情，我们就会长话短说，然后各干各的去。

第一年我几乎每天都得和儿子联系，哪怕只是简单地打个招呼，如果联系不上心里就会很不自在。他爸爸也不知不觉养成了一个习惯，每天回到家就会问我："今天跟儿子联系了吗？"如果我说联系了，他就会看看我们的聊天记录，如果有两天没联系上，他就会用手机给儿子发条短信，让他知道我们时时刻刻挂念着他，当然也是提醒他，别忘了跟我们保持联系。

爸爸一直不会自己用电脑，看到我跟儿子聊天，他经常会表现出一点“羡慕嫉妒恨”，于是突然有一天他郑重向我宣布：“我也要买一个笔记本电脑，这样我就可以和崽崽联系了！”果然没过多久，他就买来了笔记本电脑，还用这个笔记本给儿子发了第一封电子邮件，儿子收到当然也非常高兴。没想到对儿子的思念还能起到电脑扫盲的作用！

可是，爸爸有了电脑也没有时间和儿子聊天，聊天的任务还是由我来完成。慢慢地我发现，通过MSN我和儿子之间的交流比面对面还来得生动和深刻。比如我们不仅可以谈学习、谈人生，还可以谈交友、谈金钱，当面不方便说出来的话通过打字可以很自然地说出来。情感表达也更加自然，在一起时我们可能很难开口说“我想你”或者“我爱你”，在聊天的时候我们就可以轻松地说出“妈妈好想崽崽的”和“我也好想妈妈的”之类肉麻的话。在我的印象中，我在MSN上对儿子说得最多的是“儿子你太牛了！”儿子对我说得最多的则是“我的妈妈好可爱！”

儿子有好消息，我会及时为他鼓掌加油，如果他心里有什么想法，我会耐心地听他一一道来，可能的话我还会帮他分析分析，或者提提参考意见。家里有什么事情发生，我也会随时告诉他，让他分享我们的快乐，对我们放心。我们的聊天记录真实地记载了这几年的生活情况，将来一定会成为最珍贵的回忆。看过我们的聊天记录之后，爸爸觉得，我跟儿子聊天其实是很重要的事，对儿子的成长和增加我们的感情很有帮助。

令我有些不解的是，儿子从来没有跟我聊过烦恼的事，也就是俗话说的他只报喜不报忧。有一次我问儿子为什么没有一点抱怨，他说他真的一切都好，即使有不好他也没什么好抱怨的，因为出国是他自己选择的。儿子的话让我很放心，我相信生活上他会好好照顾自己，学习上会发愤图强，我们能帮他做的事情，他会想办法自己去做，儿子出国前就是这样，出了国更是如此。

有时候，聊到伤感的话题，我会一边打字一边流着眼泪，为了不影响儿子的情绪，我还不能让儿子觉察到我在伤心难过。儿子后来告诉我，其实他也在打字时流过好多次眼泪，他也会想办法努力克制自己的情绪。

还有的时候，我会半夜里醒来打开电脑看看儿子是不是在网上，因为时差的关系，我们的晚上正好是儿子那边的白天，儿子有可能正在上课或者上班。看到我上线的信号，儿子会跟我打个招呼，然后让我赶快回去睡觉，奇怪的是，听到儿子的命令之后，我就会睡得特别踏实。

正是为了避免更多地引起激动和伤感，我和儿子形成了一种默契——不到万不得已，不动用视频。儿子搬了新家，他会让我看看他的房间是什么样子，给我们买了礼物，他会让我在视频里先瞧上一眼，过年过节，他也会让我们跟他见见面，其他时候他不会提出用视频。我也只在他考完试或者是放假的时候才会要求和他视频联系，平时我会克制自己不过多地打扰儿子，尤其是决不会让儿子在视频里看到我伤心难过。一直到现在，我们还保持着这种默契，我想我们会把这种默契永远保持下去。

英语里把“想家”叫做“homesick”，对于“家长思念孩子”却没有现成的词，在我心里我一直在用“childsick”这个词，我认为我是一个经常犯“childsick”的人。无论是打字聊天还是视频对话，互联网的发展为homesick的孩子和childsick的家长提供了极大的方便，MSN和skype的存在使天各一方的亲人感到万分踏实，给思念的心带来了无尽的安慰。想想从前的留学生，只能靠书信和家里联系，几个月也读不到一封信，多少年都不能和家人相见，我就会感叹科学技术的伟大。儿子现在的苦读以及与父母的分离，也许正是为了科学技术的更进一步发展，正是为了让未来的生活更加幸福美满。每想到这里我就会浑身散发出一股力量，心中会燃起无限的希望。我有很优秀的儿子，我有很幸福的生活，我同时也有深深的思念和无尽的牵挂，在这里，我要由衷地说一句：真的很感谢互联网！

Business 101（商业基础）

儿子用教课所得丰富了他的业余生活，
也为他的学习和寻找工作机会提供了方便。

大学最后两年，儿子成功当上了商学院的section leader（上课老师），他教的课是Business 101（商业基础）。

商业基础是商学院大一新生的必修课，儿子申请这个教学职位时竞争很激烈，首先是提交申请，尽管儿子后来觉得他的申请信写得有些幼稚，但还是给人留下了深刻的印象。他写道：

Essay: *Business 101 is an introduction to professional responsibility. Why are you interested in being a section leader for a course in professional responsibility? What personal characteristics and experiences will you bring to this position? (Please limit your response to the equivalent of one page double-spaced. It is recommended that you write your essay in a word processing program and copy/paste it here.*)

Raised in a family where both parents started teaching

at the age of 19, I have always wondered the reason that they enjoyed it. The summer before college, however, made me realize the rationale behind it, and that encouraged me to become a member of them. After learning English for two years and preparing for the TOEFL and the SATs, I managed to obtain outstanding scores on both tests. One day my father asked me whether I wanted to work part-time at his company as an assistant to prepare students for English exams. Excited yet confused, I began to prepare for the class materials. At first, I regarded this opportunity to make some extra money, but I enjoyed teaching far more than getting paid in the end. Sharing my knowledge and experience with people who were going through the same stage that I had been through certainly brought me a great amount of joyfulness. Suddenly, I grasped the meaning of teaching -- to give back to the society that you learned from.

After spending two years in the College of Business and actively participating in a business professional fraternity, Phi Chi Theta, I definitely see myself growing professionally and feel the strong urge to share my experience with students who are also ambitious to lead an unforgettable and successful college life. I can still remember how lost I was on the first day of class because I had no clue about what to do in college. After getting rejected from job interviews, I learned from mistakes. I also turned to the professors as well as friends from the fraternity for help. Two years later, with internship offers from KPMG and Ernst & Young, I can confidently say that I have achieved the goals I set for myself. More importantly, I desire to share my experiences, be it a failure or a success, with the incoming freshmen to help them realize their dreams.

题目：Business 101是职场职责的入门课，你为什么会对成为相关课程的班级负责人感兴趣？你会给这个职位带来什么样的个人特点和经历？

我的父母都是十九岁开始当大学老师的，我一直纳闷他们为什么喜欢上了当老师。不过，上大学之前那个暑假，我终于明白了背后的原因，最后也加入了他们的行列。经过两年的准备，我考了托福和SAT，结果都取得了不错的成绩。一天，父亲问我是否愿意在他的学校上点英语课。在既兴奋又不解当中，我开始做上课的准备。我本来是想借这个机会赚点零花钱，没想到最后发现当老师比赚钱更有意思。作为过来人，与那些即将参加考试的考生分享我的知识和经验让我感觉很快乐，突然之间我明白了当老师的意义——把学到的东西回馈给社会。

我在商学院学习了两年，一直积极参加金融专业社团Phi Chi Theta的各项活动，我明显看到了自己在专业上的进步，因此特别想与刚进大学的新生分享我的经验，帮助他们度过难忘而又成功的大学生活。我还清楚地记得，因为对大学生活的一无所知，我上大学的第一天是多么的迷茫。在经历了工作面试被拒之后，我一方面从失败中总结经验，另一方面虚心向朋友和老师请教。两年后，我同时拿到了毕马威和安永公司的实习录取，从而实现了我给自己制定的目标。更重要的是，无论我的经验是成功还是失败，我都愿意拿出来与新生们分享，希望能够帮助他们实现梦想。

申请通过之后，接下来是两轮严格的面试：第一轮面试官是前面教过这门课的学长。学长看过儿子的简历之后，觉得他的背景很强大，不仅让他通过了第一轮面试，还给他提供了很多帮助。第二轮面试官是负责这门课的主任，儿子由于准备充分，最后也顺利通过了面试。

在两年的教学中，儿子投入了时间和激情，同时也收获了金钱与快乐。和在外面打工相比，教课的报酬是比较高的。儿子用教课所得丰富了他的业余生活，也为他的学习和寻找工作机会提供了方便。当然，更让他有成就感的是学生对他的评价。下面是学生给他打的评语：

他给了我们很大的帮助。

帮助很大、幽默风趣、信息丰富。

很可爱，开始上课时经常给我们好听的音乐，不仅让我们笑，还让我们想学习。

为人风趣，常用自己的经历和笑话活跃气氛，平易近人，课堂很有吸引力。

可爱、风趣，有吸引力、有帮助。

很好玩，同时又有真东西。

很友好，知识渊博，乐意回答问题，他的课很享受并且能学到东西！我每周五都盼望上他的课！

他风趣、好玩同时能帮到我们，他自己学的课很多，所以能给我们很多课程方面的建议。

很棒的老师，有求必应，课堂组织出色。

很酷，讲课风趣，让我们用功也让我们开心。

很棒，很有激情。

善于给建议，自身就是一个好榜样。

超级棒！风趣敬业，认真负责。

很聪明，很认真，是我们学习的榜样，有幽默感，课堂活跃。

有活力、敬业、有责任心、有幽默感。

有化枯燥为娱乐的能力。

很有活力，释放正能量，让我们周五早晨醒来，调动每一个人参加课堂讨论。备课认真，旁征博引，善用自己的经历，使我们轻松理解了什么是个人责任感和职业责任感；乐于提供帮助，无论是个人还是学术方面的，他给我们提供的关于时间管理、期中考试和期末考试方面的建议真的能帮到我们。

很可爱，有帮助，但打分有点严。

在后来申请读研的学校时，儿子教课的course director（课程主任）为他写了一封很重要的推荐信，这应该是儿子这段当老师经历的最大收获。

接待老爸

儿子对老爸的盛情款待让我感到欣慰，
同时也让我看到了希望。

爸爸在儿子大学第四年才去美国看儿子，说是看儿子，其实是利用出差的机会在美国与儿子一起度过了三天。

爸爸首先到了学校。像我初次去他的学校时一样，儿子带着老爸在校园里大致走了一圈，重点当然是主广场上的雕塑、与他的学习有关的商学院和工学院以及几个大体育馆。爸爸觉得儿子的学习环境不错，再看看干干净净、神清气爽的儿子，本来不大的眼睛笑得眯成一条缝。

第二天是星期六，儿子开车带老爸来到了芝加哥。走在干净、整洁、热闹、气派的芝加哥大街上，父子俩第一次有了长时间的近距离接触。由于爸爸是属于工作狂性质的人，很少有机会单独与儿子相处和交流，这次能和儿子在美国独处，我不禁心生好奇，他们在一起会有什么样的事情发生呢？

儿子首先用实习时攒下的积分花很少的钱带老爸住进了他工作时住过的酒店。因为儿子实习的公司名气大条件好，儿子住的宾馆也很高级，爸爸想起自己读大学时不仅没有住过高级宾馆，就连一般的宾馆也没住过，直到自己年富力强事业有成时才有机会体验住星级宾馆的感觉，现在儿子大学还没毕业就已经有这么丰富的经历，所以对儿子很是佩服。父子俩在酒店跟我视频对话，我一边为他们感到高兴，一边又想起我看儿子时，不但没有住过酒店，还大包小包给他带东西，每天在学校给他买菜做饭，顿时觉得当爸爸的太占便宜了。可转念一想，我与儿子在一起的时间更长，还是觉得自己占的便宜更大，于是我跟老公开玩笑说：“你们住的那个高级酒店我才不稀罕呢！”正得意的老公反应很快，马上安慰我说：“下次让儿子带我们一起住！”

接下来儿子带老爸逛了芝加哥的各个书店。儿子知道逛书店是老爸的习惯，所以投其所好赶快把书店先逛了，并且推荐了几本很好的管理方面的图书，老爸自然乐得合不拢嘴。每次我和老公到一个地方都得先陪他逛书店，只有让他把书店逛完了他才会有耐心陪我去购物，不然他会显得闷闷不乐，我购物的心情也会大打折扣，所以逛书店对老爸来说是很重要的事情。儿子能细心观察到这一点，我觉得儿子真是个有心人。

晚上儿子还带老爸看了喜剧表演，尽管因为文化与思维上的差异，老爸并不觉得那个戏剧多有意思，但看到儿子笑得那么开心，老爸心里自然也很高兴。最让老爸得意的是，父子俩边看表演边喝啤酒，那种惬意的感觉从前不曾有过。为了纪念那个温馨的时刻，老爸还特地把喝酒的杯子从美国带回了北京。

儿子安排的压轴好戏是带老爸买了好多衣服，把老爸打扮得焕然一新。很多国内很贵的所谓名牌在美国其实并不太贵，儿子因为实习的时候对着装有要求，他学会了怎样挑选服装，怎样进行颜色搭配，知道哪些品牌比较好，哪些品牌适合老爸，就连老爸的尺寸他也搞得很清楚。平时对穿着很不讲究的老公在儿子的帮助下一下找到了穿衣的感觉，穿上儿子为他挑选的服装，觉得自己确实比以前更帅更有气质了。回国之后大家都对老公的变化感到惊奇，这让老公很是洋洋得意，他说以后买衣服的事就交给儿子了，并且还开玩笑说有空得上儿子那里去淘几件衣服。我想老爸喜欢儿子为他买的衣服不仅仅因为它们是名牌，更因为它们是温暖牌！看到儿子给老公扮靓，我也非常高兴，因为儿子做这件事是在给我减轻负担。我经常发愁不知如何给老公买衣服，太贵的衣服花钱舍不得，太便宜的又觉得不够档次，在美国买衣服既不贵又够档次，刚好符合我的要求。说实话，我事先根本没有想到老公可以在美国买衣服，更没想到儿子会有时间和兴趣陪老爸逛街。儿子的出色表现着实让我佩服！

儿子对老爸的接待超出了我的期待。我曾担心儿子与老公平时交流那么少，在一起会不会没有感觉？我还担心老公一直把儿子的事全交给我，缺乏对儿子的嘘寒问暖，这次会不会受到儿子的冷落？我的担心其实是有道理的，我清楚地记得儿子在去美国上大学之前曾伤心地抱怨过爸爸对他关心太少。爸爸也的确在儿子面前很少表露父爱，但我同时也知道，爸爸对儿子的爱是毋庸置疑的，他对事业的专注也是为了给我们创造更好的生活条件，也是为了给儿子树立一个好的榜样，儿子能不能理解这样的父爱也许需要时间和机会。现在儿子的表现让我看到老爸在儿子心中的地位一点也不比我低，父子俩的感情是那么融洽，我终于明白我可以放心了。

尽管我对老公的父亲角色不能完全肯定，因为他对事业的全情投入充满了苦行僧的味道，他对孩子的爱过于含蓄迂回，我还是认为男人爱孩子的方式应该和女人不一样。如果父母在孩子面前扮演的角色完全一样，那么孩子只需要其中一个就够了；同样，父母给孩子的爱应该互补，这样孩子得到的爱才会完整和丰富，一家人才能和睦融洽。我主内老公主外的生活格局是我们特定的条件逼出来的，但如果让一切重来，我想我们还是会做同样的选择，因为如果孩子没培养好，事业再成功又有什么用？反过来说，一个家庭如果只有懂事的孩子而没有成功的事业，拿什么去创造更加美好的未来？由此看来，一个家庭的分工合作至关重要。我们说的比翼齐飞不一定就是两人干一样的事或者取得一样的成就，相反，真正意义的比翼齐飞应该是殊途同归、互相支撑，我想这就是我和我老公一直以来所做的努力。当然，同样重要的是，夫妻两人分工合作取得成功也离不开孩子的配合，没有孩子的理解和支持，父母所谓的成功就成了空中楼阁。从这个意义上来说，父母和孩子都是家庭的支柱，离开谁都会引起崩塌。

儿子对老爸的盛情款待让我感到欣慰，同时也让我看到了新的希望。

结缘安永

我知道他后面的路还很长，
但有一点我可以放心：
他是个努力上进的棒小伙，而他的付出也一定会给他带来丰厚的回报！

2012年暑假，读完大四的儿子并没有毕业，他要延长一年学完他选择的第三个专业——电子工程。因为事先已经做好安排，儿子利用这一年的暑假完成了在安永公司的实习。

第二次申请安永公司的面试，儿子开始其实是有些犹豫的，因为前一年儿子曾拿到安永的录取却选择了德勤，安永会不会因为记他的仇而不再给他机会实在是不好说。经过一番激烈的思想斗争，儿子还是决定试一下。他相信那么有名的公司不至于心胸那么狭窄，而且前一次申请的是审计，这次申请的是咨询，性质不一样，安永应该会更加看重他的能力而不是他的过去。安永果然没有因为曾经被拒而抱有成见，面试之后儿子又一次拿到了offer。

在申请安永面试的同时，儿子还拿到了普华永道(四大会计事务所之一)的面试，结果也拿到了Management Consultant Intern(管理咨询实习)的offer。经过详细了解，儿子发现自己更喜欢安永的公司文化，与安永的employee(员工)聊天更投机，再加上安永的不计前嫌，儿子最后决定选择安永。

这次安永实习同样紧张刺激，同样收获颇丰。儿子告诉我们，这次他非常幸运地认识了一些有学识的前辈，尤其是他的senior manager(高级经理)，不仅自己能力很强，为人也非常好，经常给他鼓励。最令儿子高兴的是，高级经理在实习还没结束的时候就告诉他，公司应该会给他提供全职offer。实习结束之后儿子回到了北京，果然没过多久，安永给他发来了全职录取通知。

尽管对拿到全职录取开心不已，儿子还是没有显得那么洋洋得意。原来，在平时的交流中，我们流露出了希望他大学毕业之后继续深造的意愿，儿子在考虑是接受安永的录取还是接着申请读硕士。看到儿子很困惑，我告诉儿子如果他特别想工作，我们会理解他，因为遇上自己喜欢的工作和公司毕竟不是一件很容易的事，失去了会十分可惜。但如果他有读硕士甚至博士的打算，那就宜早不宜迟，因为读书的时间是有限的，越到后面越被动，工作则是一辈子的事，什么时候开始都可以。儿子认为我的话比较有道理，于是拿定主意，准备开始给他喜欢的学校发申请。

这里我要特别提一下安永公司给予我儿子的特殊照顾。首先，安永接受了儿子要求延迟一个月给答复的申请，让儿子有足够的时间考虑到底是工作还是学习；其次，在儿子决定继续读研之后，他的那位高级经理还帮他写了一封很有份量的推荐信，对儿子的录取起了很大的帮助作用。最后，安永公司的一个合伙人还给了儿子一个承诺，只要儿子今后还想去安永，公司的大门会永远向他敞开。

毫无疑问，儿子对安永公司的感情也不一般，他和那帮同事和主管一直保持联系，如果有机会，我想儿子一定会去安永工作的。

儿子与安永结缘在我们看来是件很神奇的事情。在美国身陷金融危机的今天，找工作对美国人来说都是一件很不容易的事，对于一个国际学生来说其难度可想而知，儿子凭借他的聪明才智不仅获得了这样难得的机会，而且还得到了人家的高度认可。我突然发现儿子已经不仅仅是一个成熟懂事的孩子，他已成长为有事业心有奋斗目标的青年才俊。作为一个独生孩子的母亲，我似乎还沉浸在为儿子的各种操心中，儿子爆发出来的小宇宙让我有一种恍如梦中的感觉。

为了探寻儿子的成长轨迹，我又找机会去美国和儿子生活了半个月。在美国，除了照顾儿子的生活起居，我还有一个很重要的任务，那就是抓住每一个机会和儿子聊天，因为儿子越来越忙，平时的短信视频联系只能有事说事，没功夫闲聊。经过反复询问，我才终于了解到儿子手里有一份安永给儿子的实习评语报告，其主要内容如下：

…… Chen has demonstrated his ability to work well within a team and provided assistance to team members who were not involved with his deliverables. The areas of test execution for which Chen was involved, required Chen to work closely with the 3rd party vendors. Chen assisted the EY manager in facilitating the vendor meetings and participated in key client meetings to report status on the progress of testing the various integration points.

There have been numerous times Chen has proactively sought out EY leadership for additional work once his tasks were complete. Again, another example of Chen's willingness to help the larger team achieve aggressive deadlines.

Chen does an excellent job of listening to his team members and the client in order to better understand the bigger picture. If during conversation, Chen has a question to ask the team, he has thought through the question and presents the question in a very professional manner.

……宸展示出了良好的团队能力，并且能在自己职责以外为团队其他成员提供帮助。宸所做的测试执行工作要求他与第三方供应商沟通工作。宸协助安永经理召开供应商会议，参加过重要的客户会议并做工作进展报告。

为了工作取得成功，宸多次在完成自己的工作之后积极主动地寻找其他工作来做。这也是宸乐意帮助整个团队在时间紧迫的环境下达成任务的表现。

宸善于听取同事和客户意见，全局观念强，在团队中提问之前有成熟的思考，并且提问很有专业水准。

从这份评价报告，我仿佛看到了儿子在工作时的活力四射，看到了安永的工作环境对他的吸引。我知道他后面的路还很长，但有一点我可以放心：他是个努力上进的棒小伙，而他的付出也一定会给他带来丰厚的回报！

毕业典礼

我们有那么多吃喝玩乐的节日，
为什么不能将毕业典礼变成一个节日呢?
我们那么希望孩子长大能有出息，
为什么不能在他们小的时候参加一些毕业典礼从中获取动力呢?

2013年五月，经过五年的刻苦攻读，儿子终于要大学毕业了。

早在2011年，我们就收到了学校发出的参加毕业典礼的邀请函，儿子用三年时间修完了金融、会计两个专业的课程，因为选修了第三个专业电子工程，儿子没有要我们参加2011年的毕业典礼，他要我们等他把第三个专业修完再一起参加。说实话，我们并不知道儿子能不能把电子工程的学位拿到，因为我们从没听说有人同时拿过三学位，而且是完全不同的两个方向，但儿子的话我们从来没有怀疑过，我们相信儿子这次说的话也是可信的，所以我们对儿子的安排没有提出任何异议。

果然，过完2013年春节没多久，我们就收到了学校参加毕业典礼的邀请函。与前一次不同的是，这次不仅有学校和商学院的邀请函，还有工学院的邀请函。

根据学校的时间安排，我们于五月十日到了美国。第二天就是商学院的毕业典礼，我们早早起床，穿上特意准备的服装，等着儿子带我们去毕业典礼现场。儿子说他得先出去一会儿，没过多久他穿着租来的学士服学士帽回来了。看着儿子穿着毕业装精神抖擞、神采飞扬，我们觉得那天阳光格外灿烂、春风格外轻柔、心情格外舒畅！

商学院的毕业典礼十分隆重。毕业生按不同的学位和专业整整齐齐围坐在主席台周围，参加毕业典礼的亲友们则自己找位置围坐在毕业生周围，整个会场就像是观看一场演出。校长的讲话引来阵阵笑声和欢呼声，随着宣布毕业的声音想起，全体毕业生同时将头上原来挂在帽子右边的穗拨到了左边，那场面真可谓是蔚为壮观。我们以前隐约听说过毕业也叫拨穗，毕业典礼也叫拨穗礼，但一直不明白为什么，这次观礼我们才恍然大悟，作为英语老师，我们立马记住了tassel(穗、流苏)和turn tassel(拨穗)这两个英语表达法。

毕业典礼的高潮是院长在主席台上念每个毕业生的名字。每个毕业生的名字被念到时，这个毕业生会上台领取毕业证并在主席台上走一遍，亲友们则会在这个时候欢呼呐喊，有的亲友甚至准备了喇叭等发出响声的道具，我们在听到儿子名字时自然也激动得喊了起来。我观察到好多亲友团人数多达十几个，那架势完全就是倾巢出动，可见毕业典礼在美国是很受重视的。留学生因为家离得远，一般都只有父母参加，也有好些毕业生只有一个家长参加。我们儿子因为有一个特别要好的朋友在美国，他的亲友团除了我和他的爸爸还有那对朋友夫妇。儿子自然属于感觉很幸福的大学毕业生，但我发现他的身边始终跟着一个同学，并且儿子总是拉着他跟我们一起照相。我问儿子这是怎么回事，儿子告诉我那是一个韩国同学，因为母亲已经去世，和父亲的感情又不是太好，所以他没有亲友参加他的毕业典礼。听完儿子的介绍，我暗自为儿子的表现感到高兴，因为儿子不仅重同学情，还富有同情心，这在当今的年轻人当中是相当难能可贵的。

五月十二日是工学院的毕业典礼。与商学院不同的是，工学院邀请家长们参加了一个招待会，招待会不仅提供了精美的水果、饮料和点心，因为那天正好是母亲节，他们还为每位母亲准备了一支玫瑰。当儿子郑重地把花献给我时，我感到我是世界上最幸福的母亲。

工学院的毕业典礼到傍晚六点多才结束。朦胧的夜色中，看到儿子手里拿着工学院的毕业证，我终于相信儿子真的同时拿了三个学位。

回到宿舍，儿子跟我们详细解释了他们统一服装中存在的一些细小区别：学士的颜色是蓝色，硕士的颜色也是蓝色，但多一个金色的hood（垂布），博士的颜色是黑色；帽子上有两根穗表示是两个学院的毕业生，不同学院流苏的颜色不一样，商学院的是土黄色，工学院的是橘黄色，脖子上多挂一根蓝色带子代表教过Business 101（商业基础），挂着的奖牌代表参加过Finance Academy（金融学院），原来看似一模一样的毕业服里面还有这许多讲究。

参加儿子的毕业典礼不仅让我们体验到了丰收和幸福的感觉，我们同时还开阔了眼界、学到了知识、受到了鼓舞。我想美国人之所以重视毕业典礼一定是有原因的，它的背后一定隐藏着对知识的尊重和对参与者的激励。我们有那么多吃喝玩乐的节日，为什么不能将毕业典礼变成一个节日呢？我们那么希望孩子长大能有出息，为什么不能在他们小的时候参加一些毕业典礼从中获取动力呢？我自己的经历是，毕业时有一顿较为丰盛的聚餐，学校没有举办隆重的仪式，更没有家长们郑重其事的参与，我们对毕业典礼似乎没有太多的重视。如果我们根据国内的习惯，或者因为怕影响工作、路途遥远之类的原因，错过了儿子的毕业典礼，那将会留下多大的遗憾啊！

游览加州

我们的加州之旅是一种人与大海和阳光的融合，
一种亲近大自然的愉快享受，
我们的加州一号公路自驾游更是一种浪漫，
一种洗礼，一种刻骨铭心的生命体验！

大二寒假的时候，因为儿子的假期较短，回北京不是很方便，我们又想见到日思夜想的儿子，于是商定放下一切事情，一家人到夏威夷好好团聚一下。

当时约定的以后每年一起到一个旅游胜地旅游的计划终因各种原因没有得到很好的实现，这次趁着参加儿子毕业典礼的机会，我们终于又一起游览了美国加州。

初次讨论这次出游计划时，我和儿子一拍即合。五年的寒窗苦读即将结束，儿子需要好好放松一下身心，更重要的是，他想带着我们领略一下旅游胜地加州的美丽风光。

特别有趣的是，订机票的时候我们发现北京到芝加哥一地的往返机票与中间加上从芝加哥到旧金山的往返机票价格完全一样，这让我们更加坚定了去加州旅游的决心。能不额外花钱就能到加州，居然有这等好事，难怪加州旅游业会那么发达！我和儿子当即就定下了去加州的方案。

参加完毕业典礼，我们很快踏上了为期一周的加州之旅。从僻静的大学校园来到热闹的旧金山，我们一下子兴奋起来。我和儿子天性爱玩，行程也是我们俩定的，所以情绪很快上来了，爸爸虽然平时一心只想工作的事情，难得有游玩的心情，但在我们的感染下也很快找到了感觉。

儿子说在美国租车旅游更方便，爸爸不会开车，我也因对美国的交通规则不太熟悉不敢开车，我们担心儿子人生地不熟，一个人应付不过来，所以有些犹豫。可儿子显得信心十足，一点畏难情绪也没有，我们想在美国还是听从儿子的安排，于是答应在机场租一辆小轿车。

开着租来的车，儿子用手机搜索到事先选定的酒店，靠着手机导航，不一会儿就到了我们的目的地。通过两次实习锻炼，儿子早已练就开车去陌生地方的本领，虽然对旧金山并不太熟，但他似乎能指哪儿到哪儿。我们对儿子的能干很是佩服，第一次觉得儿子是可以依靠的大山。

头两天我们就在旧金山游玩。旧金山三面环海，城市因地势而建，如中国的重庆一样是座名副其实的山城。头一次行驶在这么陡峭的城市道路上，真是让我们大开眼界：几乎成九十度直角的下坡路相对来说还好把控，又长又陡的上坡路还经常在坡道上有红灯需要停车，虽然我知道儿子的开车技术不错，但这样的路开起来我还真替他捏一把汗。

渔人码头是旧金山的招牌景点。我们首先来到这个充满欢乐气息的地方，在浓浓的“海味”的熏陶下，我们来到一家有名的小店吃了海鲜。接着我们到了九曲花街，这是一条东西方向贯穿Presidio区和Cow Hollow区的街道，是世界上最弯曲的街道，在Hyde街与Leavenworth街之间有一个很短的街区，却有八个急转弯，因为有40度的斜坡，且弯弯曲像“Z”字形，所以车子只能往下单行，我们虽然顺着花街两旁的人行道欣赏了美丽景色，儿子还是大胆挑战了一下开车走“Z”字形的感觉。

旧金山的双峰（twin peak）可以俯瞰旧金山全景，我们驱车七弯八拐来到山顶时，大风吹得我们几乎睁不开眼睛。即便如此，旧金山还是清晰地呈现在我们眼前，我们还是在此留下了许多珍贵的照片。

我们当然还游览了著名的金门大桥。说起这座结构新颖超凡脱俗的大桥，大家可能从电视或者教科书上经常见到，但真正从桥上经过的时候，那种震撼的感觉是无法用言语形容的。

根据朋友的推荐，我们还去了位于旧金山北的缪尔森林国家保护区。这是美国著名的自然名胜之一，它临近太平洋海岸，保存着美国少有的一片原始的海岸红杉林，和车水马龙、高楼栉比的繁华城市相比，这里好像是另一个世界，那高大的密集的海岸红杉像无数冲天大华盖，遮蔽了整个天空，创造出一种壮丽的、庄严的、宁静的、神秘的特殊境界。置身这片森林，我们好像变成了神仙，呼吸是那么轻松，视觉是那么清新……

第三天，我们开始了加州一号公路之旅。加州一号公路被称为世界上最神奇最美丽的公路，它无以伦比地梦幻般地贯穿整个加州。因为时间关系，我们把沿途的Stanford（斯坦福）、Monterey（蒙特雷）、Hearst Castle（赫兹城堡）定为我们的主要游览目标。

去斯坦福毫无疑问是为了参观赫赫有名的斯坦福大学。还没进到校园，我们就被周围的美丽景色迷住了，心想这哪是学习的地方，明明就是仙境嘛！把车停好之后，我们慢慢走进校园，阳光下的草地、雕塑、建筑显得格外别致，慕名而来的参观者随处可见。听着讲解员的介绍，我们得知这所拥有美国面积第二大的大学是由一个姓斯坦福的富人家庭投资建设的。由于唯一的儿子得天花过世了，父母痛不欲生，决定修建一所大学来纪念自己的孩子。这所大学所有房子都是红屋顶，这一片红色是为了让在天上的孩子很容易找到属于他的大学。参观完美丽的斯坦福大学，我们不光觉得它是那么美丽，同时还感受到它是那么神圣。儿子说早知道这个学校这么好，肯定会想办法来这里，难怪现在流行中学生参观大学校园，亲眼见过之后不努力学习立下大志才怪呢！

沿着加州一号公路又窄又蜿蜒的小路，我们来到了离旧金山一百多公里的蒙特雷小镇。这座小镇依蒙特雷海湾而建，一条长长的主干道高于海平面大概三十米左右，主干道和海岸线之间的大斜坡上聚集着一座座小独栋。宁静的街区、湿冷的海风、布满肉类植物的悬崖，这就是让人心旷神怡的蒙特雷小镇独有的风韵。我们在此除了品尝各种美味佳肴，还去了奇妙的水底世界——蒙特雷水族馆。原本只打算在这里住一晚，因为实在喜欢，最后住了两个晚上。

从蒙特雷小镇出发，继续在荡气回肠的一号公路上驱车数小时才到了我们的最后一站——赫兹城堡。这个城堡坐落在一座山包上，视野相当开阔，正面对着太平洋一望无际波光粼粼的大海，它有自己的教堂、动物园、两个大游泳池、好几百个房间，是一位赫赫有名的大富翁花重金建造的。据说当时的社会名流甚至总统都以成为赫兹城堡的宾客为荣，如果有一年圣诞节大party某个名流没被请来做客，那么来年这位悲催的名流将被这个圈子所孤立，逐渐淡出大家的视线。 城堡主人活了八十八岁，去世后他的后人实在无力支付昂贵的维护成本，因此就把这座豪宅捐给了社会，现在这座城堡成了加州对外开放的一个非常著名的景点。

一个星期的加州之旅很快要结束了。一天开车几个小时，每天还得晚睡早起，儿子作为司机和导游真的是很辛苦，但他一直表现得举重若轻。就在我以为整个旅程会画上完美句号之时，突然出现了一个意想不到的小插曲。为了方便第二天早上赶飞机，我们最后一个晚上住在了离机场不远的旅馆，本来计划半小时就能从从容容到机场，没想到刚离开酒店几分钟汽车就一动不动了——油箱里的油用光了！儿子赶紧打电话请求支援，可支援最少得等半小时。就在我们不知如何是好的时候，只见不知什么时候已经下车的儿子拎着一个小油壶从高速公路上跑了过来，原来他跑步去了最近的加油站！尽管登上飞机的那一刻我们紧张得快要瘫痪了，我们还是为儿子的反应敏捷、力挽狂澜兴奋不已。 我们的加州之旅是一种人与大海和阳光的融合，一种亲近大自然的愉快享受；我们的加州一号公路自驾游更是一种浪漫 ，一种洗礼，一种刻骨铭心的生命体验！

进入MIT

面对三所名校的录取，
儿子经过激烈的思想斗争，
最后还是根据专业上的考虑选择了最先录取他的MIT。

因为一直想大学毕业后先工作一段时间，儿子申请读研是在截止日期前一个星期才开始的，他自己觉得成功的把握不大，我们也为他捏一把汗。

尽管时间仓促，儿子还是把目标全部锁定在全美排名前十的学校，没有申请一个差一点的学校保底。等待期很快过去了，他申请的六所学校陆陆续续有结果了。最先录取他的是MIT(麻省理工学院)，接着是布朗大学，最后是达特茅斯，尽管有三所学校因为是跨专业申请拒绝了他，他对50%的录取率还是很满意。

儿子后来告诉我，由于申请太晚，MIT前两批面试通知都没有他的名字，看到周围同学没有一个拿到面试，儿子以为完全没希望了，没想到最后一批的最后几天，MIT的面试通知终于来了。虽然可以选择视频面试，儿子还是毫不犹豫订了机票马上飞到波士顿接受面试。面试时间是星期二，为了多了解学校情况，儿子周五就到了MIT，节俭的他认为机票已经花了不少钱，住宿就没有跟我申请经费，只好借看同学的机会顺便解决。不巧周日晚上从一个同学住处赶往另一同学住处时，正好赶上一场大雪，人生地不熟的儿子独自拖着行李在雪地里行走，第一次深刻体会到什么是饥寒交迫，心中不禁生出一种悲壮的感觉。令他欣慰的是，面试过程非常顺利，面试前提交的是非官方大学成绩，面试结束的时候面试官告诉他要尽快提供官方大学成绩。为什么要提供官方成绩呢？如果不打算录取要官方成绩干嘛？突然间，儿子已经猜想自己应该是被录取了。

接到MIT录取通知那天，儿子高兴得不得了，他把自己关在宿舍里看着录取通知书一个人偷偷傻乐。儿子一向沉稳，很少这样喜形于色，他的情不自禁不完全是因为 MIT是很著名的学校，更多是因为大学五年的努力有了结果，当初申请美国大学时留下的遗憾终于得到了弥补。我清楚地记得第一次去美国看他时他说过的话：“如果我直接进了哈佛、耶鲁，说不定我不会像现在这样踏实，我要一步步走向最高点，而不是直接落到最高点，我向上攀登的过程就是一种修炼、一种成功。”可见儿子一直在卧薪尝胆、蓄势待发，现在总算功夫不负有心人，不欢天喜地才怪呢。

布朗也是儿子非常喜欢的大学，在国内申请美国大学时儿子还遇见过一个中文说得非常好的面试官，俩人当时一见如故。儿子一直不太明白自己最终被布朗拒掉的问题到底出在哪儿，考试成绩肯定没问题，是申请的方法不对？还是自己提交的申请材料不符合他们的要求？儿子最后的理解是他自己不够优秀，还需进一步提高。可如今因为时间太紧，在提交的申请材料不是很完整的情况下，布朗还是录取了他，儿子感到十分欣慰。

达特茅斯的申请最晚，面试通知也来得最晚。不知是儿子的简历有说服力还是儿子在面试过程中表现突出，面试官在面试过程中表现得十分友好，儿子感觉录取的希望比较大，没过多久正式录取通知果然到了。因为已经有了MIT和布朗的录取，儿子想找个理由先回绝达特茅斯，于是提出要奖学金，没想到达特茅斯说不仅可以给奖学金，还可以让他负责一个club(俱乐部)什么的，可见他们很想让儿子成为他们的学生。

面对三所名校的录取，儿子经过激烈的思想斗争，最后还是根据专业上的考虑选择了最先录取他的MIT。

MIT是美国一所综合性私立大学，无论在美国还是全世界都有非常重要的影响力，培养了众多对世界产生重大影响的人士，是全球高科技和高等研究的先驱领导大学。至2009年，先后有78位诺贝尔奖得主曾在麻省理工学院学习或工作。经过麻省理工学院几代人坚持不懈的努力奋斗，时至今日，但凡有人提起“世界理工大学之最”，人人皆推麻省理工学院，其自然及工程科学在世界上享有极佳的盛誉，其管理学、经济学、哲学、政治学、语言学也同样优秀。鉴于其在学术方面的卓越成就，在各种不同的排名中，在总平均排名上能压倒MIT的只有哈佛大学，而哈佛大学与MIT几乎只有一墙之隔。儿子选择MIT 也许还因为它是他曾经提到过的高点，这个高点似乎也在默默地等待着他。

儿子申请读研的过程看似顺利，其实背后付出了很多努力。首先，本科成绩要过得硬，儿子不仅成绩优异，同时还拿了三个本科学位，这说明他大学期间一直在朝这个方向迈进。其次，英语水平、沟通能力以及面试技巧是平时练就的，临时抱佛脚是很难搞定的。再其次，要有很好的推荐信。儿子的三封推荐信都很有说服力，一封来自一位教过他两门课的金融教授，一封来自他教的business 101（商业基础）course director（课程主任），还有一封来自他在安永实习时的senior manager（高级经理）。这些推荐信不仅本身有很好的推荐作用，最重要的是，推荐信和推荐人本身都是真实的，完全没有虚假成分。最后，GRE是申请读研的硬指标，没有它条件再好也无法申请，所以GRE考试成绩得提前准备好。儿子虽然一直想工作，并没打算读研，但他在大三实习期间就考了GRE，而且成绩相当不错——总分1530（满分1600）。我当时还问他为什么要考GRE，他说实习经常有闲着的时候，没事干也挺难受，于是想到把GRE拿下来。看来机会的确是留给有准备的人的。

现在儿子已经开始了他在MIT的学习生涯，但毫无疑问，MIT不是他追求的终点，相反，它是一个新的起点。由于全世界的优秀学子云集MIT，正如一位教授所说“就是再优秀都还不够优秀”，这里的紧张学习被誉为“高压锅”，而MIT学生最常说的一句话则是“我恨这个该死的地方”，我想儿子进入MIT并不意味着进了天堂或者保险箱，相反他是把自己投进了炼狱。能不能经受住重重考验，看的不是他过去有多聪明多优秀，而是看他后面有多坚持和多努力。儿子既然接受了这个挑战，我就相信他一定能够获得成功，作为他的坚强后盾，我也会一直为他鼓劲加油。

MIT毕业典礼

儿子有幸成为MIT的学生，
同时他也在不断调高他的人生目标。
他在MIT收获的不仅仅是知识、学历、学位，他还收获了很多很多……

经过一年多的学习，儿子顺利拿到了MIT斯隆商学院金融硕士学位，毕业典礼在2014年6月5、6日这两天举行，5日是商学院的毕业典礼，英文叫"MASTER OF FINANCE CONVOCATION 2014"，6日是整个学校的毕业典礼，英文叫"2014 MIT COMMENCEMENT"。

商学院的毕业典礼在MIT校园里的万豪酒店（Marriott Hotel）内举行，因为毕业生只有一百多人，每个毕业生最多只能邀请四位亲友，所以规模并不大，但感觉低调而奢华、隆重而温馨。

毕业典礼开始，主持人是program director(金融硕士项目主任)Heidi V.Pickett。首先是院长和几位任课老师轻松幽默的讲话，其中令我印象最深的是院长和教金融的老师。院长是个极有风度的和蔼可亲的老头，他主要是向全体毕业生表示热烈的祝贺，并希望他们毕业之后事业有成，他还特别提到同学们将来要为商学院做贡献。他的讲话完全没有一点官腔，更像一位慈父给即将展翅高飞的孩子们的临别赠言。教金融的老师是个中国人，名叫王江（音译），虽然他的英语和他讲话的表情明显带有一些中国味，但看得出他是一位很有才学的教授，他的发言不时引来阵阵笑声，同学们与他的热情互动充分说明了他在学生们心中的地位。都说中国人厉害，看到王教授的风采我才相信中国人真的可以在国际舞台上独领风骚。

接下来是班里的摄影协会展示他们记录校园生活的VCR、学生代表发言、给优秀学生颁奖。通过摄影协会的VCR，我们对孩子们的学习和生活大致有了一些了解，很多家长都是远道而来，他们对孩子们在MIT的很多情况未必清楚但充满好奇，制作和播放这个VCR显然是个不错的创意。

学生代表是个韩国男孩，他用十分幽默的方式向家长们介绍同学之间发生的一些趣闻轶事，对学院的老师和工作人员表示感谢。我不知道这个韩国学生是否从小就在美国长大，他一口流利地道的英语真的很让我敬佩，作为一名英语老师，我一直认为亚洲人在美国讲英语很难像地道的美国人，除非他是语言天才或者是在美国土生土长。儿子十八岁才去美国，但他的英语一直深得美国人的肯定，可我从没见过他在正式场合讲英语，韩国学生的发言不禁使我想象起儿子在台上发言的样子……就在我想入非非的时候，突然听到主持人在台上念“Chen Hu”这个名字，观众则爆发出雷鸣般的掌声，我一下竟分不清这到底是梦境还是现实了。原来儿子是获奖学生之一，三位获奖同学在台上接过奖杯后，儿子作为获奖代表在主席台上发表了演讲。可奇怪的是，儿子究竟说了些什么，我竟一点也没听清楚。我满脑子全是儿子小时候开家长会那些情景，儿子很多时候都在老师表扬的名单之列，但上台发言我还从来没有见过，印象中上台发言的全是很优秀的女生，没想到儿子竟然在美国成了发言者，而且还是在MIT这样顶尖的大学！我的心中真的充满了骄傲。

整个典礼结束后，大家都涌向主席台和院长老师合影留念，这时我才发现我们的座位不仅写着儿子的名字，而且是在前两排，而只有前两排的座位是有名字的，后面的座位才可以随便坐。儿子不仅就获奖的事对我们保了密，就连给我们的特殊待遇也尽量不让我们察觉。儿子取得的成绩让我骄傲，他的低调和淡定更让我欣慰。

晚上，商学院还在一家高级酒店举办了招待会，我们来到一个漂亮的餐厅，老师、家长、学生聚集在一起，各种美酒佳肴可以尽情享受。我们一进门，一位女士就走到我们面前，跟我们说我们的儿子真的很优秀，说他帮助过很多同学。我们很感意外，便问儿子这位女士是谁，儿子说是他们的career advisor(职业顾问)。过了一会儿，儿子的同学们纷纷过来跟我们聊天，告诉我们他们是谁、来自哪里、跟儿子在一起做过什么，同学们的热情友好让我们很感动。而最让我们惊喜的是，我们还在宴会上碰到了从我们学校培训出来的学生，而且好多同学都知道新航道学校。我们因为想到处走走看看，没过多久就离开了，儿子和同学、朋友一直玩到深夜才回来，他们吃得开心，聊得也开心。这个招待会不仅让家长们感觉很温暖，也给平时很紧张的学生们提供了一次很好的放松机会。

第二天的学校毕业典礼同样给我留下了深刻的印象。

首先，毕业典礼的举办地点是在MIT's Great Dome and Killian Court，这可这是剑桥镇查尔斯河畔著名的地标，同时也是

MIT每年举办毕业典礼的地方，好多天前这里就实行了封锁，会场布置显然是在有条不紊地进行。其次，相对商学院毕业典礼的低调和奢华，校毕业典礼则尽显高端大气，但同样感觉温馨而浪漫。

毕业典礼举行的这天，我们不是像平常那样从Great Dome进入，而是走Killian Court南边临时搭建的入口，因为紧挨马路，入场的人又多，老远就能看到好多警察在维持秩序。进入会场要进行严格的安检，感觉跟2008年北京举办奥运会一样。好的观礼座位很早就有人捷足先登，我们只能坐在比较靠后的地方，不过坐在后面反倒可以更好地观察场内情况。我发现他们不仅把座位摆放得十分整齐漂亮，饮水发放和流动厕所也安排得井井有条。最让人不可思议的是，头天下了一天的雨，草地上明显还有好多雨水，可大家的鞋子居然没沾一点泥巴，场内显得十分干净整洁!

上午十点钟典礼正式开始，这时正好是雨过天晴蓝天白云，二千多名毕业生穿着礼服、带着礼帽在灿烂的阳光下从会场正中间的通道一一进场，观礼嘉宾个个兴奋不已，看到自己家的毕业生都尖叫鼓掌，无数相机把镜头对准了目标，我也手忙脚乱地抢拍了好多儿子入场的镜头，欢乐的气氛一下进入高潮。

接下来是大家期待的guest speaker（演讲嘉宾）、校长和学生代表发表演讲，MIT这次邀请的guest speaker是荣登福布斯2012全球权势女性榜的杜邦集团董事长兼CEO柯艾伦（Ellen Kullman）。演讲者们的讲话或睿智或幽默，尽管这时已经有点烈日炎炎，观众却始终全神贯注鸦雀无声。

最后是毕业典礼最值得期待的环节——校长给每个毕业生颁发证书，尽管整个过程历时很长，而对于每个毕业生和家长只有那么短短的一瞬间，全体观礼者还是始终保持着良好的秩序和高昂的热情。相比聆听大师们的演讲，我认为观看每位毕业生从校长手里接过毕业证书更能显示对知识的崇拜和对个人的尊重，因为两个小时只看一个重复动作不仅需要有信念，而且需要有素质。

每次回想起MIT的毕业典礼，我发现我的最深印象不是它的隆重与高端，而是它的温馨与浪漫。在这种环境里接受过熏陶的人应该是幸福而进取的，因为MIT提供的环境的确优越，每个细节都做到了极致。而事实上，MIT一直以来人才辈出，一代又一代的学生都是站在巨人的肩膀之上。儿子给我的感觉恰好就是幸福而进取，他有幸成为MIT的学生，同时他也在不断调高他的人生目标。他在MIT收获的不仅仅是知识、学历、荣耀，他还收获了很多很多……

优秀毕业生揭秘

儿子作为优秀毕业生走出MIT校园，
虽然后面的路还很长很长，他还需要很多的历练，
但我相信他会更加努力，
为自己创造更美好的生活，为我们制造更多的惊喜。

儿子在毕业典礼上给了我一个大大的惊喜，这让我对有些事情恍然大悟，同时也让我对很多谜团充满了好奇。

自从上了MIT，儿子与我的联系明显比以前少了。他甚至都没有跟我好好介绍过他的新学校，我一度还怀疑过大名鼎鼎的MIT是不是徒有其名，儿子是不是不太适应MIT，因为他的本科学校虽然没有MIT名气大，可我明显感觉到他很喜欢那所学校。现在事实告诉我，儿子在MIT不仅过得充实而开心，还实现了一些自己的理想。

大学期间，我们一直用MSN联系，每天一打开电脑我就知道儿子在不在，只要电脑上一出现信号，我就能马上找到他，那时我觉得那种感觉真好。后来，随着iPad的出现，MSN渐渐退出人们的视线，我们的联系方式改成了FaceTime。虽然FaceTime使用起来更加简单方便，但我很快发现有个很大的问题——拨打FaceTime时经常显示无法接通，等儿子看到通话记录，他可能因为太忙或者太累又忘了打过来，有时一连好几天我们都联系不

上，我经常是又担心又着急。好在后来有了微信，不管他在不在或者忙不忙，我随时随地都可以给他发微信，可结果是我发一堆微信过去，他只是偶尔给个简短的回复，有时几天也没有回音。情急之下，我甚至跟儿子开玩笑说你是不是把妈妈给忘了，儿子调皮地回答说那怎么可能呢!后来我干脆直截了当跟儿子说不管你有多忙，要记得每天跟妈妈打个招呼，哪怕一个简单的hello也行，不然妈妈心里不踏实。儿子虽然满口答应，可没过几天又消失得无影无踪，电子邮件没有，FaceTime没有，连微信也没有!看到我失望难过，他爸爸经常安慰我说："不是还有我吗？还是我比较可靠是吧？"老公的幽默可爱倒是有些效果，我慢慢学会了不去老琢磨儿子在干什么，但儿子的经常"缺席"还是令我有种种担忧：他是不是在好好学习？ 会不会熬夜太多？有没有遇到感情上的挫折？

直到参加完毕业典礼，我才明白儿子不是有意疏忽我，他也没有如我害怕的那样虚掷光阴出现问题，他的确是一天到晚都在忙，而且忙得是那么投入。仔细想想，一个在大学本科期间能拿下三个学位、一直以来都很上进的孩子怎么可能一下变得不懂事了呢？儿子的硕士课程只有一年多时间，而且MIT离哈佛那么近，他肯定会行走在两所名校之间，最大程度地利用这得来不易的机会，尽可能多做一些积累，他怎么会有太多时间跟我闲聊呢？儿子向来含蓄沉稳，很多事情都是有了结果才说，他要主动联系我一般都是因为有好消息要告诉我，没有他的消息说明他还在努力当中。等最忙的时间过去，为了满足我的好奇心，也为了解开我心中的疑问，参加完毕业典礼回来我就用提问的方式给儿子发了封邮件，儿子很快给了我答复。下面是我的问题及儿子的回答：

1．在MIT感受最深的是什么？

最深的感受就是人外有人山外有山。本科的时候一直努力想成为同学中的佼佼者，于是参加了很多活动，也取得了不错的成绩。到了MIT以后发现，厉害的人有很多，让我觉得自己不是那么special(与众不同——妈妈注)。但我没有想到的反而是，厉害的人都非常谦逊。虽然一直听到过要低调做人高调做事，真是到了MIT才体会到（不光是program里面的人，也有其他专业的人）。这时我真正摆正了自己的心态，同时也有了新的动力和目标。

2．最大的收获是什么？

到了一个新的平台，接触的人和事更多了。这有优点也有缺点。优点就是向别人学习的机会多了（比如上面那个问题）。缺点就是选择多了反而不知道应该focus(专注——妈妈注)在哪个方面。本科五年我一直很focus地想进入consulting(咨询——妈妈注)，虽然最后拿到了自己想要的东西，但是始终觉得有点井底之蛙的感觉。到了MIT以后发现原来机会有很多，除了选择traditional career path(传统的职业路径)，还可以去创业。所以我选择了去上entrepreneurship lab(创业实验——妈妈注)这门课，同时MIT Sloan（MIT斯隆商学院——妈妈注）的创业方向又是全美第一的。这个课给了我跟startup(创业公司——妈妈注)通过做咨询项目的方式有了零距离的接触，有了更深刻的体验。项目结束时，结合我在项目上的表现，startup的CEO发email说希望我毕业以后能加入他们的team(团队——妈妈注)。我的teammate(团队成员——妈妈注)有两个是MIT的MBA，还有一个是哈佛商学院的MBA，但是那个CEO只联系了我一个人，因为觉得我的见解比较独特，想法也比较发散。所以，毕业以后我选择了把梦寐已久的consulting job(咨询工作——妈妈注)推迟开始，先去startup实习一段时间。

3. 同学有多少？特点是什么？

项目(指儿子硕士项目——妈妈注)一共一百二十多个人。特点是大家的目标都非常不一样，虽然都是要学finance(金融——妈妈注)，但是career path却不同。有想做投行的、交易的、保险的、咨询的。所以，在这样一个层面去跟大家聊非常有意思。还有一个跟本科很不一样的地方就是同学再不是我的同龄人了，身边有个同学已经有两个小孩，还有一个同学在毕业前一个星期生了一个小孩，已经结了婚的同学更多一些。总体来说，同龄人应该有一半吧，剩下的都是工作过的，所以能跟他们在生活上学到不少东西。还有就是同学本科的经历都很不同，有不少是在美国以外的地方读的本科。我一直认为大学是一个非常塑造人的过程，所以也能看到同学中各种风格。

4. 你为什么会获奖？

首先是当选了Sloan Student Senate(斯隆学生会——妈妈注)里面的senator(会员——妈妈注)，代表我们program(指儿子的课题组)。我们program一个有六个人，其中三个人获了奖。我做的贡献比较多的是在去年program刚开始的时候，我一个人帮助program(指整个硕士项目——妈妈注)里面四十多个同学准备咨询面试。因为本科的经历，让我对面试有了一定的认识而且掌握了一些技巧，所以当我得知有些同学对咨询感兴趣却不知道如何下手的时候，我选择了share(分享——妈妈注)我自己的经验和资源。但是有个朋友跟我说，我帮助了别人，不就等于自己的机会少了吗。但是我主要的想法是：一、大家能来MIT读书都不容易，何必争个你死我活勾心斗角；二、如果我真的对自己实力这么不自信，我也不会去主动帮助别人。后来的结果就是我们program里面今年进入咨询的人比去年多了很多，而且公司都不错。

这个奖是同学nominate(提名——妈妈注)然后program director(项目主任——妈妈注)选举的，所以能说明同学对我的付出的肯定和老师的赞许。

看得出，儿子回答这些问题根本不需要做任何思考，更不需要做任何文字上的修饰。说实话，看到儿子的回复我的眼睛湿润了。相比毕业典礼上的感动，这封信简直让我有些心疼：都说孤身在外孤苦伶仃，他能这么积极向上并且取得这么好的成绩，背后的付出可想而知！我多么希望在他苦苦支撑的时候能够帮他分担一点，可他选择了独自承担。我想任何一个母亲看到自己的孩子这样懂事都会心疼的。儿子用事实证明我对他的关心和担心可以变成信心、放心甚至开心了。

坦率地讲，我并没有想把儿子培养成什么人，我只是希望他能健康长大、积极向上、少走弯路，有个快乐而充实的人生，他的成绩优秀、积极上进、乐于助人、出类拔萃主要还是取决于他自己的努力。这就像种树一样，种子发芽之前要把耕地浇水的工作做好，后面的茁壮成长主要靠的是秧苗自身对空气、阳光、雨水等养分的吸收，播种的人这时不仅起不了决定性作用，浇水施肥太多反而可能会把秧苗淹死。我虽不至于成为一个过度浇水施肥的人，但我的角色转换的确有点缓慢而痛苦，我还习惯性地把儿子看成是不谙世事的小孩，把自己看成是无所不能的母亲，是儿子让我看到了一个真正成熟的男子汉，用事实帮助我完成了角色转换，我真得感谢儿子带给我这份惊喜。

儿子作为优秀毕业生走出MIT校园，虽然后面的路还很长很长，他还需要很多很多的历练，但我相信他会更加努力，为自己创造更美好的生活，为我们制造更多的惊喜。

纽约纽约

虽然儿子很喜欢他曾经生活和学习过的芝加哥和波士顿，
并且这两个城市都有工作机会供他选择，
但纽约显然已经为他树立了新的奋斗目标。

从MIT出发到纽约大约只有两小时的车程，儿子在2013年农历大年三十那天就与纽约一家有名的公司签订了工作合同，预计十月份会去纽约上班，所以我们参加MIT毕业典礼的行程里理所当然安排了一个重要的旅游项目——去纽约看看。

记得儿子大二时因为寻找实习机会曾得到过到纽约面试的邀请，虽然面试很成功，儿子那时对纽约的印象却不怎么好。相比美国其他城市如芝加哥的整洁和宁静，纽约显得过于脏乱和嘈杂，儿子甚至觉得纽约还不如北京。尽管我对美国的总体印象很好，很难想象纽约会有多么糟糕，只因相信儿子的判断，我也一直对纽约持着否定态度。

可是，随着儿子进入MIT，每个月至少有一次去纽约的机会，儿子对纽约的印象慢慢发生了改变。

首先，儿子发现纽约周边云集着许多顶级世界名校，除了位于纽约市的哥伦比亚大学，什么哈佛、MIT、耶鲁、普林斯顿大学、宾夕法尼亚大学、布朗大学等等曾经在他看来遥不可及、魂牵梦绕的名校离纽约都只有一两个小时的车程。等了解到这个信息，儿子开始变得对纽约有些肃然起敬，因为任何一个大学云集的城市，比如北京和上海，一定有着它特殊的魅力。这种魅力也许是政治方面的，也许是文化方面的，也许是经济方面的，也许是许多方面的。

在我们到MIT之前，儿子在他的微信群里连续发了好几组在这些大学拍摄的照片，开始我还纳闷他怎么一下去了那么多学校，他哪有那么多时间和金钱供他有这么奢侈的享受？经询问我才了解到这些大学相距并不远，开车很容易就能到达。虽然儿子说得轻描淡写，我还是有些迷惑不解，为什么他会在这个时候去这些学校？他是在考虑继续读博吗？他不是已经决定要开始工作了吗？仔细一想我好像明白了什么：他是在为我们的纽约之行做实地考察，在为给我们当导游作准备。

在我们到达MIT的第二天，儿子就带领我们参观了MIT和与MIT几乎只有一墙之隔的哈佛。对于MIT各个教学楼有着怎样的来历、哈佛大学有着什么样的传奇故事，儿子在我们面前如数家珍、娓娓道来。奇怪的是，听着这个MIT学生的介绍，我们并不觉得他是高高在上的天之骄子，相反，他展现给我们的是一种登高望远的成熟。在世界顶级学术殿堂面前，他表现出沉稳和谦虚而非浮躁与狂妄，这实在让我们感觉很美妙!

在去纽约途中，我们驱车一小时，来到坐落于康涅狄格州纽黑文的耶鲁大学。这所全美历史第三悠久的高等学府，漂亮的哥德式建筑和乔治王朝式建筑与现代化建筑交相辉映，把整个校园点缀得十分古典和秀丽。尽管走在耶鲁校园仿佛置身仙境，这所学校并不是儿子的最爱，因为耶鲁以人文、艺术、历史以及法律出名，而儿子喜欢的商科和工科，耶鲁并不是最强，所以儿子告诉我们更牛的学校还在后面。

到纽约的第二天，我们来到位于纽约曼哈顿的哥伦比亚大学。这所学校虽然校园相对较小，但也属于常春藤盟校，儿子告诉我们哥伦比亚大学的校友和教授中有八十七人获得过诺贝尔奖，包括奥巴马在内的三位美国总统是该校的毕业生，能在这里学习是件很荣耀的事。

第三天，我们又从纽约开车四十分钟来到位于新泽西州的普林斯顿大学。漫步在普林斯顿校园，儿子不止一次跟我们说起他想来这里读书，哪怕重新念个本科也行，还说读高中时如果来过普林斯顿，他一定会更加努力，一定会申请来这所大学。听到儿子的话我就在想，儿子学习已经很用功了，他就读的学校已经很令人羡慕，他为什么还会觉得有“遗憾”呢？我当时以为这可能是美国好大学实在太多太有吸引力，进哪所名校都会留下想象空间。后来仔细回忆起这件事，我突然意识到是儿子成熟懂事了，他看到了自己从前的稚嫩和无知，现在终于明白了天地之宽广。我一直相信教育的最高境界是“学然后知不足”，儿子希望自己曾经更加努力，这说明他有了更高的追求目标，他对未来也充满了信心……想着想着我突然发现平时在我面前嘻嘻哈哈、偶尔还会撒撒娇的大男孩如今真是不能小觑了。

我们的纽约之行除了令人赏心悦目的名校游，在纽约城里的游览活动同样给我们留下了深刻的印象。纽约是真正意义上的世界之都，它不仅拥有时代广场、中央公园、帝国大厦、华尔街、百老汇、洛克菲勒中心等全世界耳熟能详的地标，还吸引世界各地的精英汇聚于此。

到达纽约的第一个晚上，我们就来到了时代广场。并不宽敞整洁的街道、熙熙攘攘的人群、五光十色的亮眼广告牌让我们立马感受到了这个号称“世界的十字路口”一直以来的繁盛。在这里，美国的霸气外露展现无遗，但最让我们激动的是，新华社的广告牌和介绍中国城市的“中国景”电子屏居然占据着最显眼的位置，作为中国人我们的自豪感油然而生!

第二天我们逛了中央公园、华尔街，参观了大都会博物馆。离开纽约的前一个晚上，我们还在百老汇观看了世界第一音乐剧《妈妈咪呀！》，虽然我们通过书籍和电视早就对这些景观有了很多了解，但身临其境还是觉得震撼。这是一种很不一样的感觉，你会更多地看到它们背后的故事，你会更加直观地把它们和自己的祖国进行对比，你会更有学习和赶超的冲动。

如今，越来越多的中国人把孩子送到美国学习，我想最终是为了让我们的祖国走在世界的前列、得到别人的仰视，如果仅仅是为了让个人生活得更加安逸，家长付出那么大的经济投入，孩子在国外经历那么多的个人奋斗，其实并没有太多意义。毕竟，到美国留学的成本是很高的，有这些钱在国内也可以生活得很安逸。更重要的是，纽约的高度国际化和多元化为在这座城市打拼的外国人提供了更多的机会和条件，我想我的儿子会因为这一点而更加喜欢纽约。

虽然我们以前没有到过纽约，但我们似乎对它并不感觉陌生，因为我们有很多昔日的老师、同学、同事、学生生活在这里。儿子怎么也想象不到，他爸爸的英语启蒙老师现在会在纽约附近一所中学教英语，同时还在ETS（美国教育考试服务中心）做兼职。身为中国人能在美国教英语，这是多么不可思议的事啊！除了爸爸很牛的启蒙老师，我们还有一位大学同学在纽约任新华社北美分社的社长，还有一个他爸爸在国际关系学院教过的学生在哥伦比亚大学工作! 我们这些了不起的老师、同学和学生不仅在纽约给予了我们热情的接待，而且还为我儿子提供了增长见识的机会。那天参观新华社位于时代广场高端大气上档次的办公楼就让儿子大开眼界，让他觉得可望而不可即的时代广场其实也近在咫尺，因为从八十几层的高楼俯瞰整个时代广场，那种感觉真好像是一切尽在掌控之中。

在纽约的游览活动让我们对纽约有了比较深刻的了解，虽然儿子很喜欢他曾经生活和学习过的芝加哥和波士顿，并且这两个城市都有工作机会供他选择，但纽约显然已经为他树立了新的奋斗目标。他最终会选择在哪个城市开始他的事业，我们现在还不得而知，因为他可以有不同的选择，但我会像以往一样支持并且尊重他的选择。不管他最后在哪里，我都相信他能创造出美好的未来。

附录：

儿子申请MIT时提交的两篇Essay

Please discuss past academic and professional experiences and accomplishments that will help you succeed in the MFin Program. Include achievements in finance, math, statistics and computer science as applicable.

I like to joke that I chose to study three majors and a minor because I was a nerd. After all, people enjoy the adventures they undertake in college minus the school part. The truth is, I like challenges. From taking business courses to conducting engineering experiments, from leading student organizations to working at prestigious firms, I accredit my accomplishments to my desire and willingness to take on challenges. My college experiences might seem to focus more on the width of knowledge, and I believe the Master of Finance Program at the Massachusetts Institute of Technology will help me gain greater depth.

Provided with abundant resources at the University of Illinois, I exposed myself to a wide range of subjects to enhance my business acumen as well as my technical skills. As part of the Finance Academy Honors Program, I seized the opportunity to explore different areas within finance while talking to distinguished guest speakers. Intrigued by the mathematical complexity and fast-paced environment, I discovered my interests in valuation and derivatives. In hope of obtaining more fundamental knowledge on these topics, I signed up for courses in Investments, Options & Futures Markets, and Mergers & Acquisitions. My outstanding performance in these courses helped me master the technical skills while taking Financial Modeling.

While taking delight in the tangential derivation of finance theories and methods, I enrolled in classes in Electrical Engineering and Computer Science, which I regard as a step to surpass myself. Though the topics seem unrelated, some of the basic concepts are still transferrable. For example, in Probability in Engineering Applications, the models can also be used to interpret the pricing of options and futures. Surprisingly, but not unexpectedly, cracking abstract engineering problems resulted in not only countless late night studies, but also valuable traits such as logical thinking skills, attention to detail, and patience.

Besides excelling within classrooms, I also actively sought for new challenges among other capacities and strived to make a difference. As one of the few international students who landed internship offers, I treasured my internship experiences even more. Thus, I decided to give back to the organization that helped me grow in the first place, OTCR Consulting. When extended the partnership after one semester of being a Project Manager, I spearheaded two major initiatives - interview workshops and knowledge management. The effectiveness of the interview workshops spoke for itself when OTCR members represented over 50% of the intern class at Deloitte Consulting, and the internal knowledge piece I led brought in four potential project leads. Success suddenly becomes more meaningful when it happens to others because of me.

Looking back upon the challenges I took and the lessons I learned, I desire to pack myself with even more in-depth applied knowledge through the Master of Finance Program at the Massachusetts Institute of Technology. In return, I am excited to contribute to the learning community and advancement of its mission. I look forward to connecting with you and sincerely appreciate your consideration.

请介绍你过去的学术和职场经历及成就，说明它们将如何助你在麻省理工斯隆商学院金融硕士项目中取得成功，你可以介绍你在金融、数学、统计学以及计算机科学方面取得的成就。

申请者：胡宸

申请项目：麻省理工学院斯隆商学院金融硕士

出生日期：1990.5.3

我喜欢开玩笑说，我之所以选择主修三个专业和副修一个专业是因为我是个书呆子。在正常完成任务的同时再冒点险总是能给人带来成就感，就我而言，我喜欢挑战。从学习商业知识到做工程实验、从带领学生学习到就职知名企业，我取得成就都是因为我喜欢并且愿意接受挑战。我的大学经历可能侧重于拓宽知识的广度，我相信我在麻省理工的硕士经历将有助于我挖掘知识的深度。

凭借伊利诺伊大学丰富的资源，我博览群书，既丰富了我的商业头脑，也提高了我的技术水平。作为商学院荣誉课程的一分子，我抓住机会与各位尊敬的演讲嘉宾对话，广泛接触了金融的不同领域。由于对数学的复杂性和快节奏的环境感到好奇，我发现自己对估值和金融衍生品很感兴趣，为获取相关知识，我选修了投资、期权和期货市场、兼并和合并收购等课程，我在这些课程中取得的好成绩帮助我在学习金融建模时培养了技术能力。

尽管非常喜欢金融理论与方法的切向推导，我还学习了电子工程和计算机科学方面的课程，以期实现自我超越。虽然看起来完全不相关，这些学科的一些基本概念可以相互转换。比方说，工程应用的概率这门课中的模型也可以用来解释期权与期货的定价。让人惊奇但不出人预料的是，解决抽象的工程问题不仅让我无数次学习到深夜，同时也让我收获颇丰，比如逻辑思维能力、对细节的关注以及耐心和毅力。

除了在课堂上表现出色之外，我还积极在其他方面寻找新的挑战并力争与众不同。作为少有的拿到实习机会的国际学生之一，我对实习经历更是珍惜有加，于是我决定回馈最初帮助我成长的OTCR咨询公司，在做了一个学期的项目经理之后我延长了与他们的伙伴关系并创建了两个大的项目——面试技巧工作坊和知识管理部门，当德勤咨询实习生50%以上来自OTCRC成员时，面试技巧工作坊的效率不言自明，而我带领的内部知识管理部带来了四个潜在的项目主管。当别人因为我而取得成功时，成功对我来说突然变得更有意义。

回顾我经历过的挑战和吸取过的教训，我十分渴望通过麻省理工的金融硕士课程获取更多的更有深度的应用知识。作为回报，我也万分期待为你们的学术团体及使命的完成做出我的贡献。期待与你们的联系并致以万分的感谢。

Describe your short and long-term professional goals. How will our MFin degree help you achieve these goals?

Inspired by my parents, both educators, I always had the urge to share what I know with others and leave them at least one bit better for what I did. Soon I learned that the professional world calls it "consulting," and it stands for more than what I thought it meant. Since then, it became my goal to become a great consultant.

As a Partner at OTCR Consulting, I learned how to take ownership and set a precedent. To go beyond what we normally offer to our clients, I decided to lead an internal knowledge piece, or become the subject matter expertise, so to speak. Externally, it helps OTCR establish credibility; internally, it gives future project managers a head start when working on similar projects. Even though the members showed little interest at first, the sense of responsibility quickly attracted a team of consultants to help me build this practice; needless to say the fruition of this initiative has brought the organization several potential clients.

The valuable experience that I gained from OTCR led to my consulting internships at Deloitte Consulting and Ernst & Young, where I got to know more about the consulting lifestyle. The early morning flights and late night meetings certainly taught me how to be patient and persistent, but I was more appealed to the "Aha!" moments and the satisfaction from clients. Even after I returned to school, I was chosen as one of the few Section Leaders for the Business 101 course to teach freshmen about professional responsibility and share my experience. A lot of times, I was a consultant to my students, and I enjoyed it.

Several months ago, when I had to choose between working and going to graduate school upon graduation, I hesitated. I could have gone into the consulting world immediately like I always dreamed, but I felt the need to equip myself with more in-depth knowledge in finance. When I came across the Master of Finance Program at MIT, I was especially attracted to its broad range of finance topics and flexibility. Comparing to an MBA program, I value the technical aspect that the MFin program offers. In addition, the team-driven environment in classrooms also makes the curriculum rather practical. Finally, seeing the various fields into which that MFin students placed, I hope to learn as well as contribute to the diverse community.

I once heard that "a job is what you have to do day after day, and a career is what you want to do day after day." Consulting has permeated into every aspect of my life; it means more than a career to me. While I invariably seek opportunities to be a good life consultant through learning and sharing, I hope to specialize in financial advisory professionally. I firmly believe that the Master of Finance Program at MIT would best suit me to realize that goal.

描述你的短期和长期目标，说明麻省理工斯隆商学院金融硕士学位将如何助你实现这些目标。

申请者：胡宸

申请项目：麻省理工学院斯隆商学院金融硕士

出生日期：1990.5.3

我父母都是教育工作者，受他们的激发，我总是乐于与别人分享我的知识并希望他们因为我的分享而变得更加优秀，很快我就得知从专业上来讲它叫做“咨询”，而“咨询”这个词比我之前对它的理解要丰富得多。此后，成为一个伟大的咨询顾问变成了我追求的目标。

作为OTCR咨询的合伙人，我学会了如何取得所有权和设定一个先例。为了给客户提供更多的服务，我决定建立一个内部知识管理部门，或者说成为一个知识库。从外部来讲，它帮助OTCR建立信誉度；从内部来说，它通过做类似的项目为未来的项目经理提供一个开始的机会。尽管大家开始对这个工作不是很感兴趣，但我的责任感很快吸引了一群咨询顾问来帮我建立这个知识库，不用说这个开创性的工作取得了不错的成果，它为公司带来了好几个潜在客户。

我从OTCR获得的宝贵经验为我赢得了在德勤和安永做咨询顾问实习生的机会，从这两家公司我对咨询行业有了更进一步的了解。大清早就起来赶班机和深夜还在开会的生活教会了我耐心与坚持，但那些说“搞定了”的时刻和客户的满意更让我欣喜。回到学校之后，我在少数几个教师职位中独占一席，教大一新生商业基本知识这门课程。对于我的学生来说，我经常是他们的咨询顾问，对于我自己，我很享受做顾问的感觉。

几个月前，我对毕业之后到底是工作还是读研十分纠结。我可以如我一直梦想的那样直接进入咨询行业，但我同时感到有必要加强一下我在金融方面的知识。在我看到MIT的金融硕士项目的时候，我尤其被它的金融知识的广度和灵活性所吸引。相比MBA

项目，我更看重麻省理工金融硕士项目的技术方面。此外，教室里团队为导向的环境使这门课程非常实用。最后，看到MIT金融硕士来自各个不同领域，我希望我不仅能从这个多样化团体学到知识，同时也能为这个团体的多样化做出贡献。

我曾经听说“工作是你日复一日不得不做的事，事业是你日复一日想做的事。”咨询已经渗透到我的生活的方方面面，它对我来说已经不仅仅是事业。在我努力寻找机会通过学习和分享成为一名好的生活顾问的同时，我希望能在金融咨询领域学到丰富的专业知识，我深信MIT金融硕士项目一定是实现我的目标的最佳之选。

图书在版编目（CIP）数据

一路阳光：麻省理工金融小子成长记录 / 陈采霞著.
-- 北京 : 中国青年出版社, 2014.7
ISBN 978-7-5153-2569-9
Ⅰ. ①一… Ⅱ. ①陈… Ⅲ. ①家庭教育－通俗读物
Ⅳ. ①G78—49

中国版本图书馆 CIP 数据核字(2014)第 161839 号

原版责任编辑：彭明榜
本版责任编辑：孙梦云
书籍设计：孙初＋林业

中国青年出版社出版 发行
社址：北京东四 12 条 21 号
邮政编码：100708
网址：www.cyp.com.cn
编辑部电话：(010) 57350506
门市部电话：（010）57350370
北京科信印刷有限公司印刷　　新华书店经销

700㎜×1000㎜　1 / 16　19.75 印张　220 千字
2014 年 8 月北京第 1 版　2017 年 6 月北京第 4 次印刷
印数：20001—23000
定价：35.00 元

本书如有印装质量问题，请凭购书发票与质检部联系调换
联系电话：（010）57350377